大展好書 好書大展

大展好書 好書大展

超經營新智慧 7

# 在亞洲成功的智慧

鈴木讓二／著
林瑞玉／譯

大展出版社有限公司

# 前言

據說二十一世紀是亞洲的時代，現在，整個世界都把視線投注在這個急速成長的亞洲市場上。

報紙、雜誌、電視等媒體，頻頻播放製作關於亞洲的特別報導。每當看著這些報導或節目時，我都不禁要懷疑國人對於亞洲的理解度，真的能令人滿意嗎？

因為在這些正面的報導的背後，還是有許多在亞洲失敗、撤退的企業。

原因雖然包含有商業的方法在內，但國人對於亞洲的觀點過於樂觀，對亞洲的認識不足，才是最大的原因。

日本，是世界一流的經濟大國，也是民主國家，這是不可否認的。

但是，日本現在所實踐的各種制度，或者是評定事物的價值觀、規格都極為特殊。

這種日本型的價值觀或在日本通用的規格，卻不見得在亞洲通用。以以往的經濟力為後盾的特殊日本型系統，不斷往前進的時代已經結束了。

現在，亞洲已經開始一種日本通過現象。日本必須謙虛的接受這個事實，在對亞洲有正確的認識之下，摸索出一條與亞洲共生的路。

在亞洲，處處充滿著吸收各種事物的能量。近代的技術與農村文化的人際關係混在一起，這也是亞洲的魅力。日本這個成熟但狹窄的場所已不復存在，但在亞洲卻能充滿著各種的商機。

希望本書能給有意與亞洲共生的人有任何的啟示，那本人將深感無限榮幸。

最後，對於協助本書取材的各位，以及協助資料整理的織本女士，廣濟堂出版編輯部的上田先生，深表感謝之意。

鈴木　讓二

# 目錄

## 第一章　重新凝視亞洲

## 第四章 在逆風的亞洲能夠成功的技巧

## 第五章　看清亞洲經濟情勢與將來性

# 第一章

# 重新凝視亞洲

## ■何謂亞洲？

### ●亞洲的「小富翁」日本

再也沒有任何一個國家的國民像日本一樣，身在亞洲，對亞洲的認識卻含混不清的了吧！雖然位居亞洲經濟的領導者，但有時卻會忘記自己也是亞洲的民族。對待亞洲諸國的態度，就好像是歐美人看待亞洲異國文化的那種感覺。

像馬來西亞的培南島或印尼的巴里島等地，就被認爲是渡假勝地的亞洲。

而香港的高級百貨公司或新加坡的免稅商店，正是能讓人組團去瘋狂大採購的亞洲。

可以與情人一起享受的印度菜、泰國菜或越南菜，這些國家正是以傳統料理聞名，日本人眼中的亞洲，就是被區分成這些特色。

不管是男女老少、學生、ＯＬ、上班族或是中年紳士、淑女，若是問起他們的亞洲觀，相信一定不乏這些。

我並不打算否定這些亞洲觀，而且，我也不會感到遺憾或憤慨。因爲這全是眞正的亞洲，能對這些文化加以謳歌的日本人，在某種意義上還是頗能自豪的。

然而，各位平常所感受到的亞洲，還有另外一個完全不同的「面貌」。而國人在享受渡假、休閒、到處散財的同時，幾乎完全沒有注意到這個已經有了很大改變的「面貌」。

日本人經常到亞洲等海外各國去旅行，促使日本人對亞洲的同一根源的認識提高的，是一九八五年的日幣急速升值。

各國的經濟實績和政策協調不會反映在匯率上的理由，是因爲以往的日幣貶值、美元升值的結果。從一九八五年二月，一美元＝二六三日圓的匯率，到了同年底，即變成一美元＝二〇〇日圓，到了一九八八年更一舉升值到一美元＝一二〇日圓，日圓不斷的升值。

在當時，經濟評論家們便一概的預測日幣升值會造成經濟不景氣，但是日本當時的經濟卻與預測相反，出現泡沫景氣，一九八九年十二月，日經平均指數更達到最高值的記錄，將泡沫經濟推上最高峰。

日本人受匯率之惠，於短短的幾年間，在海外旅行的觀光地，成爲名實不符的虛榮的亞洲「小富翁」。

在這個時期，日本的企業也以亞洲爲目標，開始進軍亞洲，前往泰國、馬來西亞尋求生產據點。

這個時期進軍亞洲的企業，可說是在日本泡沫經濟「順風」的狀態下揚帆前往的。以勞動集中型爲主的生產加工業，爲了尋求低廉的勞工，將目標指向東南亞各國及中國。

## ●在泡沫經濟瓦解後到海外旅行的人數竟然還持續增加

日本人到海外旅行的人數持續增加。往東南亞各國都市及中國各大都市等的直航班機陸續開發、增設，隨著追逐民族特色的熱潮而前往亞洲的旅客一直增加。一九九〇年突破一千萬人次的海外旅行者人數，到了一九九五年更達到史上最高的一五三〇萬人次。海外旅行地的國別，第一名是美國，接下來是韓國、台灣、香港、新加坡、澳洲、中國、泰國，除了美國之外，居於上位的幾個國家，幾乎都是位於亞洲。

但是，一九八五年以後，不知踩煞車的海外旅行者人數仍然持續成長，但是應該與此並行成長的日本經濟，卻在某個時點失速、急遽下滑。

那就是一九九二年的泡沫經濟瓦解。

一九九二年的日經股價指數，從一九八九年十二月時的巔峰期三萬八九一五點下降到不到一半的一萬六千點。後來，雖然稍有恢復，但並沒有持續太久，到了一九九五年終於升值到一美元＝七九．六五日圓的戰後最大升值記錄，日經股價指數則下跌至一萬四五一七點。

這股始於一九九二年的泡沫經濟不景氣現象，雖然經濟企畫廳於一九九四年曾發表「到達谷底的宣言」，而著名的經濟學者也提出週期性經濟回復論「景氣循環回復說」，但都沒有造成太大的影響。

至此，日本經濟進入戰後不曾經歷過的新型構造不景氣的現象，日本的經濟系統本身已面臨一個必須重新加以評估的危機狀況。

這個「經濟系統」的齒輪，似乎在追著已經開始狂亂的日本經濟窮追猛打似的，隨著到海外設廠的企業增多，以亞洲爲主的國家，開始將家電製品等產品輸入，再加上因日圓升值導致製品輸入價格大幅下滑，對國內的製品造成更嚴重的打擊，導致生產過剩的現象。爲了因應這種現象，企業只有做出減產或關閉工廠等對策，如此一來，更導致失業率上升，形成雙重、三重的經濟不景氣現象。

一九九五年四月開始，日本全國的失業率維持在三%，是自一九五七年以來最惡劣的雇用環境。而且，不但沒有朝改善的方向發展，企業繼勞動者之後，連白領階級的管理職位的人也都在裁員之列。對於這些雇用問題的因應政策，政府除了緩和各業種的限制之外，也提出了風險企業支援等，希望創造出新規的雇用方法擴大雇用機會，但是結果卻徒勞無功。

不僅如此，今後，以亞洲爲主的企業，將更加速轉移到海外生產，無可避免的，國內的勞動需要將形成空洞化。

像這樣通過泡沫經濟瓦解這個大分歧點的日本經濟，依然是陷在危機的狀況之中，儘管如此，靠著「強勢日圓」之惠，在亞洲各地享受悠閒之樂的人，仍然絡繹不絕。

## 製造業的雇用數變化

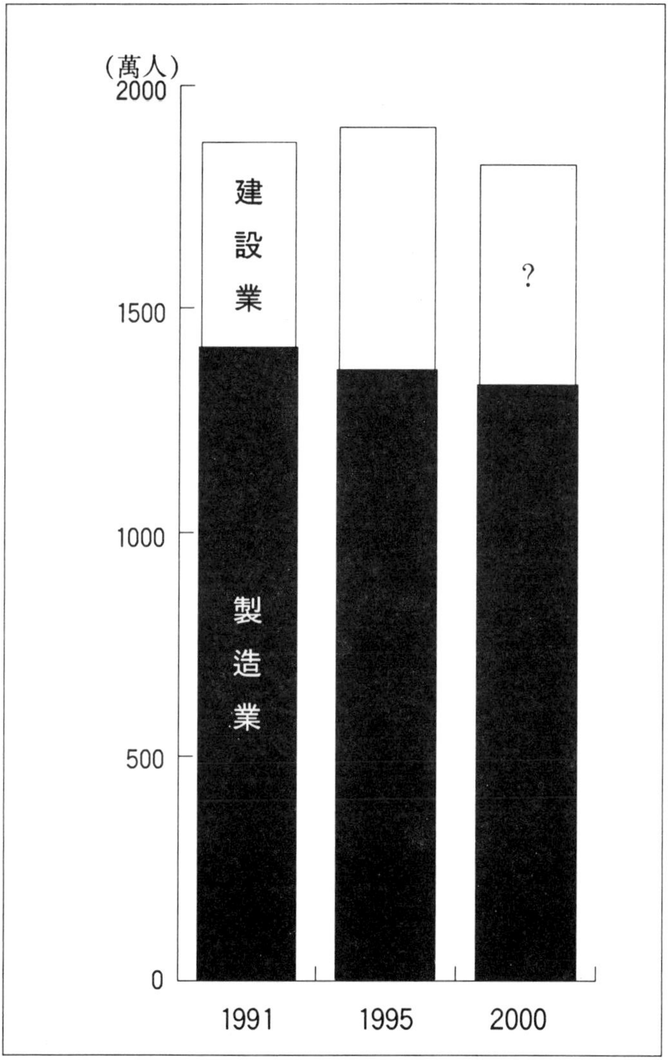


製造業在國內的勞動需要形成空洞化。(通產省調查)

於一九九五年創下過去最高的約一五三〇萬人次的海外旅行者人數，在一九九六年又持續增加，在一九九六年當年就創下一七〇〇萬人次。與一九八八年的約八四〇萬人次相比，八年內急速成長了約二倍。根據大型旅行社的調查，預測到一九九九年時，「海外旅行者將達到二千萬人次」。

對於海外旅行者而言，泡沫經濟不景氣等似乎不構成影響。與因第二次日幣升值而逐漸下沈的日經指數相反的，到海外旅行的人數不但沒有減少，反而還有繼續成長的趨勢。

## ■還有另一種「面貌」的亞洲

### ●亞洲的胃袋比日本人豐富嗎？

巨大的船——日本丸於一九九二年大舉改變了行進的方向，同樣的，亞洲各國也開始起了很大的變化。但是，行進的方向卻與日本完全相反。

在亞洲各國悠閒渡假的大多數日本人，似乎完全沒有察覺到左右日本經濟的「泡沫經濟瓦解」這個大分歧點以後的亞洲變化。一九八五年以後，因企業進駐及海外旅行而變得更接近的亞洲，以這個「分歧點」爲界，朝另外一種「面貌」的亞洲呈現了很大的改變。

日本人對於這個另一種亞洲「面貌」的粗略認識，可能會造成今後左右日本經濟的一大危險因素。

在此爲各位介紹一些有趣的資料。我很想知道從亞洲這些渡假勝地飽嚐當地傳統料理、滿載喜悅回國的旅行者，在聽到這些資料後如何回答。

亞洲的「小富翁國家」日本人的飲食文化非常豐裕。甚至可稱爲「飽食日本」了。在超市或街上的市場中，都陳列著由產地直接運送的高級蔬菜或高級的牛肉等食材。日本人的胃所容納的卡路里供給量，在一九九二年一天約爲二六二五大卡。（日本農林水產省調查）

與世界各國相較之下，在經濟大國中算是豐富的攝取量。但是，這個數字若從一九八五年開始比較的話，也只不過才增加了一・三％，這麼低的成長率頗令人意外。

那麼，這個數字若拿來與亞洲各國相比較的話，結果又是如何呢？答案如下：除了日本之外的亞洲二十八個國家、地區，於一九九二年度的熱量攝取量，單純平均為二五三〇大卡，與一九八五年當時的數字相較之下增加了十三·七%，這個成長率為日本的十三倍。

再以國別來比較熱量攝取量，在亞洲NIES（新興工業經濟區域）中居首位的韓國為三二八五大卡，第二位的香港為三四一四大卡，第三位的新加坡為三一一四大卡，這些數字都遠超過日本。

接著，再來比較看看攝取量的成長率。與一九八五年相比，韓國成長了十六·四%，香港十五·四%，新加坡七·三%，與日本相較之下，各國的成長率都提高了。（根據亞洲開發銀行的調查）

即使是東南亞各國的數字也都超過日本。堪稱ASEAN（東南亞諸國聯盟）之首的馬來西亞為二八八九大卡，增加了七·四%，印尼為二七五三大卡，增加了六·七%，而中國及印度，在一九八五年到一九九二年間，也出現五～十%的高成長率。

除了熱量攝取量之外，再來看看亞洲各國蛋白質的攝取量，同樣顯示出二十%的

## 亞太地區主要國家、地域的
## 熱量攝取量

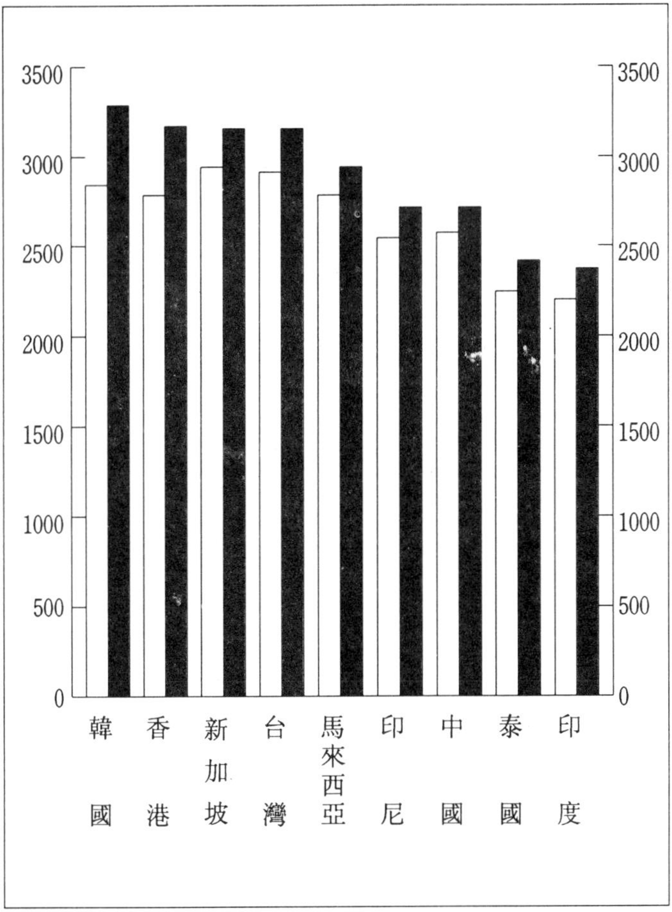


※每人每天的熱量。新加坡的92年是90年的數字。
（亞洲開發銀行調查）

■ 92年
□ 85年

高成長率。

也許有人會指出「東南亞與日本不同，他們吃的食物較油膩，所以熱量會比較多」。當然，這也不無道理。但是，攝取量的成長率，確實與餐桌上豐富的食物，也就是國民個人的經濟力成正比。

與這些成長顯著的亞洲各國相比，政治一直處於混亂之中的阿富汗，在一九八五年時為一五二三大卡，減少了二二．七五％。而斯里蘭卡及寮國等國家，也有減少的傾向。

就在幾年前，「改革」前後的俄羅斯國營超市前，曾出現過為了購買一斤麵包而大排長龍的人民光景，這在電視上也曾頻頻播放過。

而在中國的近代史上，堪稱為最大政治混亂期的「文化大革命」時期，據說就有數以千萬的人活活的餓死。

「食」的豐盛，相關的也顯示出這個國家的經濟、政治的安定。而這種豐盛，也會影響到國民的精神生活層面，反映在文化面上。

自認為「飽食的日本」，在參加亞洲各國的美食之旅，一面欣賞香港的夜景，

## 景氣與日本人的血糖值的關係

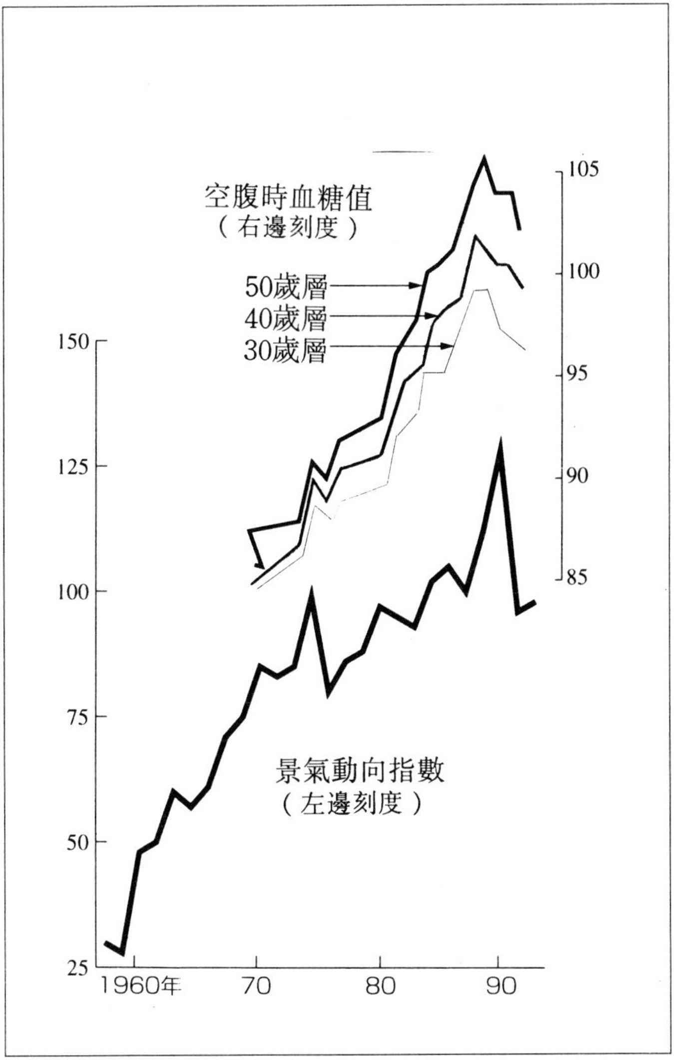


泡沫經濟瓦解之後，血糖值明顯的開始下降。（取自朝日新聞資料）

一面享受高級料理的同時，亞洲各國餐桌上的豐盛飲食，已經不斷的成長超過了日本人。連帶的亞洲各國國民的「精神上的豐富」也在不斷的成長。而這個成長率的差距，現在確實逐漸的擴大。

## ●在亞洲各國高漲的海外旅行熱

還要附加說明的是，包含美食之旅等在內的海外旅行，已經不再是日本人的專利了。

堪稱以觀光立國的澳洲，現在正備受世人的矚目。在一九九五年，從世界各國到澳洲觀光的旅客人數，達到三七七萬人，與前年相比，成長了十一%。其中，仍然以日本觀光客高居首位。然而，成長率與前年相較之下已減少了九%。與前年相比有顯著成長的是韓國，成長了五二%。接下來的香港、台灣、新加坡等國，除日本之外的亞洲各國，與前年對比的成長率都居於上位。

除日本之外，從亞洲到澳洲觀光的人數，在一九九五年，更超過一〇九萬人，與前年相比也出現了二三%的高成長率。

## ■對世界的巨大市場亞洲的錯誤認識

### ●日本人的「優越感」會反造成「危機感」

經常聽人說，日本人是難以抵抗情報的國民。這是指日本人對於情報的敏感捕捉度較差、綜合分析情報的力量較弱，而且不懂得包含PR外交在內的情報操作。

會具體指出這些遠因的原因之一，可能就是國民對於電視等大衆傳播媒體的情報過於相信。

對於電視或報紙上，諸評論家獨斷及偏見的解說，或是電視台偏差的報導，國人通常不會感到任何懷疑，就全盤接受了這些言論、評論。

前天，有機會與認識的某電視台的主持人一起用餐。他非常的優秀，在他的工作領域中也極受歡迎的知名人物，曾經主持過許多大型的節目。

在與他一起用餐時，他說了一件很有趣的事給我聽。我覺得很有意思，所以一定要在此介紹給讀者們共享。當然，這是我與讀者之間的悄悄話。

最近掀起一股亞洲熱，電視上經常播放中國或亞洲的節目，相信大家都曾看過。

前些日子，他負責這些節目中的一個節目。當然收視率極佳，深受好評。而他告訴我的就是製作這個節目的秘密技巧。

這是個介紹上海經濟成長的節目，其中也介紹了一位才二十幾歲，但在不動產及建築業都頗爲成功的實業家。年收入數億元的這位實業家，每天都是以最新型的高級賓士車代步。

在上海的街上，這種最新型的賓士車也只不過才十幾輛，所以有這種車的人可說是成功的象徵。在報導日本的成功者之時，相信攝影師們一定會拍一段「青年實業家」瀟灑的從足以代表他身份的車子上走下來的神態。

但是，不知道是怎麼一回事，這個節目竟然只從車內助手席的位置拍這位成功實業家的側面，賓士車自始至終都沒有拍出來。

此外，他的公司位於上海商業中心——虹橋附近的高科技大樓內。這棟大樓當然也可爲「青年實業家」的象徵。但是，節目中也只出現在社長室內訪問社長的那一幕，並沒有拍出傲然聳立於虹橋中的高科技大樓。而且，也沒有介紹他新蓋的豪宅，只介紹他的出生地，位於上海古老巷道中老舊瓦屋，稱爲「弄堂」中一個約四張半榻榻米大的房間，這裡是他與家人四人共渡孩提時代的地方。

這個節目所播出的映像，事實上頗耐人尋味。它巧妙的捕捉了日本人微妙的心態。他很驕傲的爲我說明演出技巧的重點。

這個節目，事實上並沒有從正面去表現一位亞洲的成功者。如果拍的是以賓士車代步，高科技大樓中的辦公室，住的是比日本人更豪華的名宅的青年實業家，那收視率恐怕就會下滑了。因此，要刻意不把這方面表現出來，而強調他是出身寒門的背景。於是這個節目就把它拍成「爲迎頭趕上日本」的青年實業家的成功故事了。

聽過他的這一番敘述，令我不得不佩服。專業電視節目製作者的工作，實在是不簡單。

但是，不光是佩服而已，我立刻就問他。

「這不就明顯的暴露出日本人對亞洲的認識嗎？也就是說，觀衆看了這個節目會作何感想？刻意隱瞞成功的實態以提高收視率的這個事實，最終不就只是在尋求觀衆

『在亞洲中日本還是最優秀』的這種優越感嗎？」

也就是說，日本人希望維持這種優越感，不管事實如何，只要能迎合這種觀衆的心態，即可有高收視率！

對於比日本人更成功的亞洲實業家，若從正面去報導給觀衆知道，則收視率會下降——這就明確的在訴說著日本人的優越感。

所以在與中國、台灣、韓國、新加坡等亞洲各國的急速成長相較之下，經濟明顯處於停滯狀態的日本，國民的潛意識中似乎害怕去面對這個事實。

街頭巷尾經常有人在批評電視的綜藝節目「很無聊」。的確，這些節目的內容水準都不高，能夠稱爲「好節目」的實在不多。但是就是有喜歡這種節目的觀衆存在，這種節目才得以生存下去。因爲節目是迎合觀衆的口味而製作出來的。但是，對於國民意識會產生很大影響的報導節目，如果用這種卓越的技巧來滿足觀衆的需求，是非常危險的。何以見得呢？

因爲如果只爲了滿足觀衆的「優越感」而反覆製作的節目之時，可能就已經陷入被亞洲拋在後面的重大危險之中了。

## ●捨棄日本型幻想吧！

還有一個例子可顯示出日本人對亞洲的認識不足。那就是從一九九四年開始迅速竄起的「越南旋風」。

從一九九四年到一九九五年，日本掀起了一股越南熱。在一九九五年一年中，企業的海外視察超過一千件，而且現在還在持續增加當中。不只是企業的海外視察，還包括黃金假期或暑假時學生及OL到越南的觀光，都使航空路線幾乎都維持在滿座的狀態。因爲這些狀況，使得越南團成了目前旅行業界的「美味商品」，急速的成長。一般雜誌或女性雜誌等關於越南的特別報導很多，就連電視節目中也頻頻報導越南的情形。

這股越南旋風從一九九四年開始急速升高，理由之一是一九九四年二月，美國全面解除對越南的經濟封鎖。以往對日本而言，越南就是如電影中看到的「越南戰爭」時報紙上所報導的「越南難民」的印象。在經濟封鎖全面解除之後，在報紙等媒體的煽動之下，越南開始成爲「投資的樂園」，頓時在日本造成一股越南熱。

促使日本人對越南的關心更加提高的是九四年十一月從關西機場到越南的直飛開航，可以從日本直飛，連帶的日本人最喜歡的「安心包裝旅行團」也開始推出。這種「安心包裝旅行團」推出之後，日本人前仆後繼的湧向未知的國度越南。

包括中小企業在內，各企業代表唯恐搭不上這股越南熱，也競相組成考察團前往越南。甚至經濟方面的雜誌及節目，還是繼續製作越南特輯，將越南視爲是「亞洲最後的投資大國」。而「安心包裝」的推出，就成爲首次進出海外的一些中小企業的總經理們的一大好消息。

根據某旅行社的調查資料顯示，光是一九九五年一年之中，以到越南考察爲目的，由企業所實施的「考察團」的數目，就一舉超過一千團。大略計算一下，以一週的考察團來計算，一人所需的費用爲四十萬～五十萬日圓。考察團的成員大都從各公司募集而來，以組團的方式行動，因此，一團平均以十五人來算的話，就可以算出到越南的考察團所需的花費了。

由此計算出來的越南考察團的市場規模，大約爲六十億～七十億日圓。由這些數字來看，就可以知道旅行相關業者的成長速度。

越南解放20周年紀念遊行（胡志明市）。

然而，即使大多由日本人的總經理或企業負責人所組成的考察團頻繁訪問越南，但實際的投資件數卻都沒有成長。雖然到越南的考察團越過一千團，但實際到越南投資的企業卻不到一百數十件。這個數字的差距，究竟意味著什麼呢？

參加越南考察團的中小企業，以「首次進出海外」的社長較多，業種也各有不同。比較奇特的是東京某著名的美容外科的醫師，也獨自組成考察團，想到越南找出新的商機而勇敢前往胡志明市造訪。

已經趕搭不上一九八五年以後的那班進出亞洲的列車，再加上一九九二年泡沫經濟瓦解，國內的景氣急速惡化，在長期的不景氣之中，趁著尚有餘力之時，趕緊認眞的考慮進出亞洲，才是這些人眞正的用意吧！

於是，造就了一九九四年的越南熱。這些企業認爲，即使沒趕上上一班亞洲列車，在這個國家仍舊有商機可尋，胸中對這個「投資的樂園」充滿希望，於是這條新開闢的航線，從全新的關西機場到胡志明市或河內的直飛航線，便成了他們的目標。

然而，組成考察團初到越南訪問的這些總經理們，在機上閱讀到的雜誌無不在

充滿活力的胡志明市街上掛著外資企業的看板。

吹捧著「投資樂園越南」的形象。但是從他們在機場降落，投宿旅館，以及往後的二～三天在參觀過市內的工廠、工業區和各個生產現場後，無不感到「越南的現狀」與印象中的越南有很大的落差，大多數的總經理及負責人都在煩惱「到底該從何處著手才好呢？」

這些人當中，甚至有人因為感到非常失望而立刻搭機回國。

前些日子，聽說某位中小企業的總經理打算到越南投資，但是這位總經理在參加過考察團之後，也成了對越南投資失望而卻步的其中一人。

將他的話簡要如下：

「聽說越南的可能性很多，因此對它抱著很大的期待。日本國內的景氣很差，再不另外想想辦法的話，可能會維持不下去了。但是到海外進駐，這可是頭一遭，心想現在正成為熱門話題的越南，應該還來得及搭上這股熱潮，於是參加了考察團。但是，當地工廠等的設備簡直比日本過去的還要落後。基礎設備也只是馬馬虎虎。我不禁要懷疑在此地真的能工作嗎？」

相信這是許多考察過越南的總經理們的心聲。事實上，每當聽到這些總經理們談話，我都會把它拿來與一件事比較，那就是從一九九五年末開始一舉風行的個人電腦「WINDOW 95旋風」。

當時，在某個電視節目中，某位主持人曾對著畫面做了以下的說明：「這個WINDOW 95，是劃時代的軟體。即使是對電腦完全外行的人，只要按下開關就能輕易使用。」

可能是聽信了這位主持人的話，或者是看到了雜誌上的專輯報導，「銀髮族」們都爭先恐後的去買搭載有WINDOW 95的個人電腦，他們相信「有了這個就不會輸給年輕人，自己也會使用電腦了！」但是，當他們按下開關的那一霎那，一定會感到非常失望。對於一個完全不懂得電腦的門外漢，電腦並不是光按下開關就可以輕易使用的。

這應該說是典型的日本人最容易犯的「幻想」現象。誤認為只要買了「物＝硬體」，一切就可以輕易操作。於是買了連自己都不會操作的東西，結果只能收起來，或是心有不甘地看著孩子們高興的玩著電腦遊戲——。

最近的網際網路，在某種意義上多少也有類似的情形。

媒體不斷在叫嚷著說是「產業革命以來的革命」，而且各種媒體都集中宣傳「有了網際網路一切都將改變」！因此而購買了個人電腦，花了很多錢裝設了網際網路的相關設備，等到想要開始使用時，卻呆坐在電腦前「該發出何種訊息才好呢」？相信這種人一定大有人在。

這也和越南考察團超過一千團，而實際投資件數卻不超過一百數十件的越南熱有共通的現象。

超過十%的成長率、廉價的勞工、勤勉的國民性等等正面的形容，都使得參加考察團的人員，個個充滿了對「投資樂園」的期待，但是過於充滿期待的情況下，卻發現與現實有很大的落差時，投資人就難免會裹足不前了。

## 越南是西部開拓時代

這二種現象顯著表現出來的共通點就是「日本型幻想」。有了WINDOW 95或網際網路就一定能有幫助，只要到越南投資就能成功，對於這些，都過於樂觀的期待。也就是說對於「越南」這個「投資樂園」的認識，都僅止於媒體的宣傳，光從外表便對越南抱著期待之心。

然而，電腦或網際網路，若沒有配合各種業種或目的來使用的話，也不具任何的意義。而且爲了使機器發揮更好的功能，還必須使自己的構想或思考產生變化，才能柔軟的對應其目的性。

據說網際網路或電腦業界都「不知二個月後的情況會如何」。根據某網際網路供應商的斷言，這一行是「不知二個星期後會如何演變」。並不是「有了個人電腦就什麼都可以做」，而是「如果這樣使用電腦的話，這一部分能與以往有所不同」，必須充分使用自己的腦細胞去摸索才行。畢竟，電腦還是比不過人腦的。

到越南投資也是一樣，必須配合越南的現狀去摸索出商機，自己的思考一定要有彈性的去應變才行。換言之，並不是對「投資樂園」越南抱有任何期待，而是要在「基本設備尚未完善，但很有發展可能性的越南」這種惡劣的環境中，以獨特的構想來對自己挑戰。因此，必須配合各種能力及範圍來明確訂出投資內容及目的。

後章將爲各位介紹在越南因「外國人用住宅」而成功的長谷部建設，以及成功的進駐孟加拉、泰國、越南的一些企業，他們都是因爲有卓越的眼光，找出各國的可能性，成功的創造出適應當地商機的例子。

亞洲成長市場的代表選手是越南。但是，並不代表它是那種只需播種就能等著收穫的肥沃土地。抱著這種期待而去的日本人，終於明白期待終究會落空。

越南就好像是西部開拓時代的美國一樣，這裡有的僅是廣大而乾枯的土地。但是，拓荒者不畏懼挫折，不斷的朝西發展。靠著自己的智慧和努力，終於創造出「黃金樂園」來。經過各種的變遷，只不過才二百年，便躍居為足以代表世界的大國。所以，對於正在成長階段的亞洲，要開拓出商機，就必須要有西部拓荒者的精神。

在開拓時代，基本設備當然不會很完善。如果因此而心生恐懼，那在越南就無法發展生意了。這點，不論是緬甸或其他的亞洲各國都是共通的。

越南，是掌握今後ＡＳＥＡＮ關鍵的國家。今後的成長速度，可能會出乎意料的快。台灣資本已經開發了坦特安的加工出口區，而韓國的大財團大宇集團也以河內為目標。與越南陸軍合併的許多計畫都已開始施行，市內也開始有高科技的辦公大樓出現。在胡志明市也已經有新世界等香港資本的大型飯店成功的登陸。

在越南飯店、大樓如雨後春筍的興建。

就在日本企業猶豫不前之時，亞洲、NIES資本等已經大舉登陸越南了。

經常聽企業們感嘆要取得合併企業的設立許可不容易。事實上這些都要靠「走後門」的技巧，而日本企業在這一方面是望塵莫及的。

在西部開拓時代，橫行的是「無秩序的秩序」。最近，越南的法律制度雖然有逐漸在調整，但是還是比不上日本。在這種環境之下，正攻法自然無法適用。

所以今後日本企業若想進駐越南或越南以外的亞洲各國時，能否捨棄這種「日本型的幻想」，將是重要的關鍵之一。

今後，相信到越南的考察團還是會繼續

增加。以越南爲目標的日本企業們，爲了不使這種「日本型的幻想」增殖，建議你們最好先將從電視或雜誌上看到的有關讚美越南的報導全部忘記。

另外，也不必抱著過多的期待去接觸越南的空氣。否則的話，在這裡所感受到的熱氣及能量，會令人想起日本戰後，邁向高度經濟成長期的昭和三十年代到四十年代的那個時代背景。越南正是處於那樣的時代。

的確，基本設備並不完善，工廠的機械也幾乎都是老舊的中古品。從河內機場到轉運站的巴士，甚至都是兵庫縣或京都市等淘汰的「市內巴士」。連令人懷念的吊環上，都還留有「兵庫的銘菓○○○」等的廣告呢！

要如何去看這種狀況下的越南呢？一切都不完善，但相反的卻也蘊含著各種的可能性。在越南，靠著投資家的能力逐漸擴展的商機也很多。是要去活用這些商機呢還是去抹殺這些商機呢?這就要端看投資家們各自的適應力了。

忘記過度的期望飛向越南，絕不要感到失望，要去發現「越南的可能性」，擁有自信的踏上胡志明市或河內的土地。

# 第二章

# 世界各國的目標正對準亞洲

## ■瞄準亞洲市場的美國、歐洲企業的戰略

### ●宗主國英國的凋零與新興亞洲的成長

瞄準這個持續成長的巨大市場亞洲的，當然不會只有日本和NIES各國。以舊宗主國，曾支配過亞洲各國殖民地的歐洲各國，和曾軍事介入越南戰爭、朝鮮戰爭等亞洲戰爭的美國等國家，當然不會放過這塊持續成長的亞洲市場。

說「不放過」或許不是很貼切。與其說先進國家「看到成長地區的豐饒而不放過投資」，倒不如說看到亞洲市場的成長速度，幾乎是「慌慌張張的，絕不放過的搶食」較為貼切。

顯示亞洲成長的數字有很多，例如北從韓國南到印尼的亞洲十國，一年的平均成長率為八．二％，國內總生產（GDP）的總額，二十年後據說可達到十三兆美元。這個數字，是現在北美相同的國內總生產（GDP）的近二倍數字。

## 亞洲與世界經濟成長率的比較

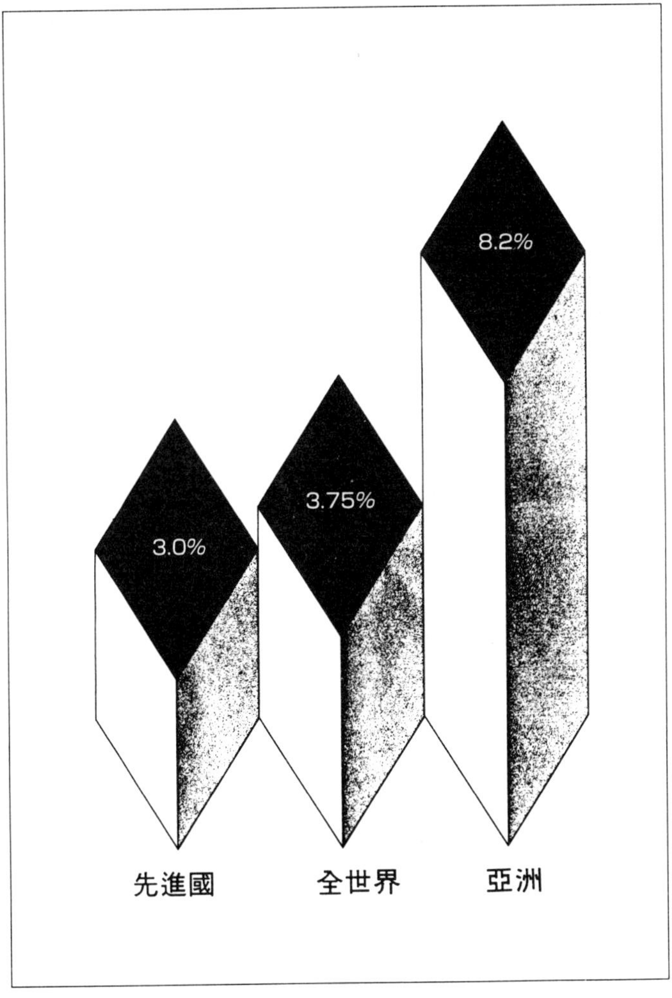


與先進國相比，亞洲的成長率驚人。（1994年平均值）

經濟成長率也是整個世界的三・七五％，與G7各國平均的三・○％相比，的確是相當驚人的成長率。

爲各位介紹更具象徵性的數字。可說是東南亞的成長象徵的新加坡，一九九三年個人的國內總生產（GDP）爲一萬九九一四美元。相較之下，英國同樣的個人國內總生產（GDP）爲一萬七九七○美元。與新加坡的勞工失業率二・七％相形之下，英國的失業率卻達十・二％。

從一八六七年到二十世紀中葉一直支配著馬來半島的宗主國英國，已經被獨立才只不過數十年的新加坡迎頭趕上了。

一九九七年七月已歸還給中國的香港，個人的國內總生產（GDP）爲一萬九五九六美元，失業率爲二・一％，與新加坡同樣在一九九三年時，就已經完全超過宗主國英國。

這種現象超過日本人的想像之外，而且也爲香港及新加坡帶來巨大的變化。

一九九七年七月歸還給中國的香港，除了建設新的國際機場之外，也推出了許多大型的建築計畫。在九龍半島及新機場的所在地蘭達，只見許多勞工日夜在工地

## 亞洲各國的經濟成長率

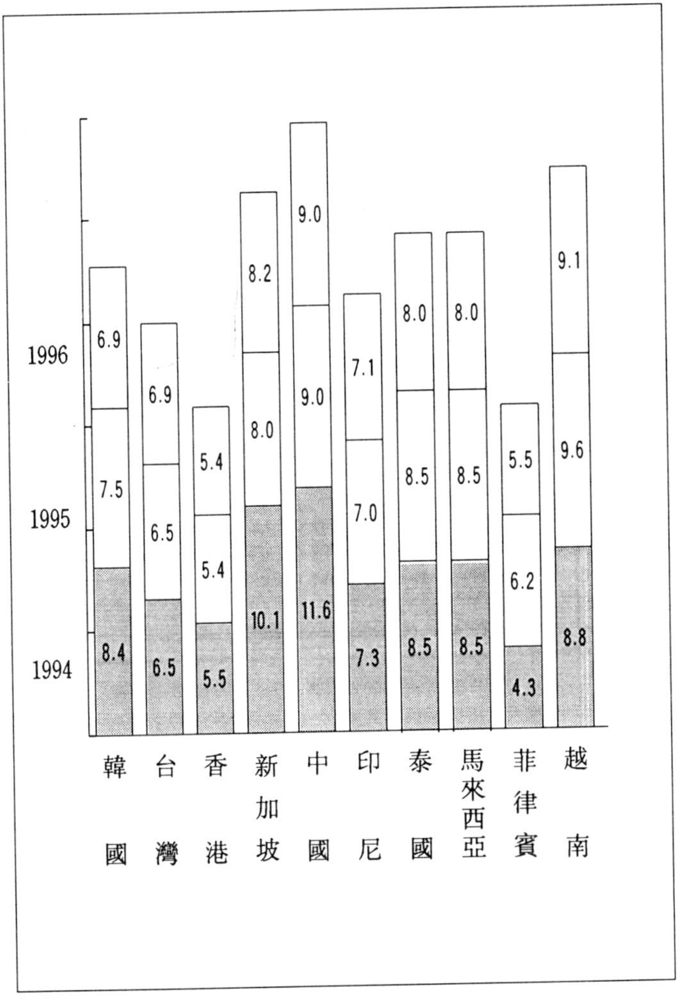


※1995年、1996年根據亞洲開發銀行的估計，
以中國、越南的成長最顯著。

施工，開著推土機不停的在移動。

仔細看這些建築工地的現場，你會注意到很多來自鄉下的中國人，其中也混雜著一些菲律賓人，留著鬍子的金髮白人在開挖土機，大家無不汗流浹背的辛勤工作著。當然，發出嚴格指示的現場監督是香港人。

昔日著名電影「慕情」中，香港人羨慕宗主國英國紳士的情景，已經完全不見了。不，了解當時狀況的英國人，一定沒辦法想像目前這種情形。

據說，香港目前有二萬六千七百名英國人。與一九九一年的一萬六千人相比，約增加了一・六倍。這是因爲十%的失業率的英國勞工，爲了工作而流入香港的建築工地及餐廳所致。

在已從昔日的宗主國英國的手中歸還給中國的香港，英國的勞工曾趁著歸還前的好景氣，在工地現場流著汗水接受支配他們的香港人的監工的命令而工作，這種光景實在很奇妙，但這也明確的凸顯出今日亞洲的現狀。也許有一天，香港或新加坡爲了尋求廉價的勞工會到英國北部開發「工業區」，然後招引泰國或馬來西亞的企業到此投資，管理英國勞工，將貨品輸往世界各地——。

這絕對不是空想，而且離實現之日也爲時不遠了。

在鴉片戰爭失敗後，被清朝當成庭園割讓給英國，被大英帝國統治了一五〇年以上的香港，也急速的成長，超越英國王室查爾斯王子的醜聞，領先宗主國英國了。

不得不正視這些現實的英國、法國等歐洲各國，與前途不甚明朗的歐洲市場相比，終於明白已經確實形成巨大市場，不斷在成長的亞洲市場，才是他們必須認眞考慮的目標。

而且，也已經產生一種危機感，那就是想在亞洲市場佔有一席之地，是不可能再運用霸權了。

不只是美國、歐洲的企業有這種感覺，就連擁有支配亞洲各國歷史的各國政府本身也有這種感受。

但是，對於戰後在歷史上背負著「戰敗」這個龐大代價的日本政府，對待亞洲的方法卻截然不同。

那麼，具體而言，歐美各國對於亞洲到底是採取何種戰略呢？日本人對亞洲的態度是「危機感中帶有一種優越感，就在日本觀光客到香港瘋狂購物的同時，歐美各國早已將目標瞄準亞洲市場，著實的演練投資戰略了。

美國對亞洲太平洋地區（含日本、澳洲、紐西蘭在內）的直接投資額在一九九二年的餘額基礎爲七八一億六三〇〇萬美元。這是美國對世界的總投資額的十六・一%。

此外，對新加坡或中國的直接投資額，在一九八五年時日本較高，但是到了一九九〇年前後，這個數字有了很大的逆轉，與日本形成了很大的差距。

另外，像德國、法國等歐洲各國，也在東西冷戰結束以及舊東歐共產圈的開放與安定之後，從一九九二年前後開始，也積極對亞洲採取戰略。

## ●進入新興市場亞洲脚步已經落後的日本金融企業

美國的大證券公司或銀行，也急速向具有高潛在成長力的亞洲進軍。一九九六年，大型的證券公司戈爾曼・撒庫斯公司與泰國的證券公司帕特拉・泰納基特公司合作，建立了將泰國企業的股票賣給美國機關投資家的體制。此外，對泰國企業進行

## 美國企業的海外直接投資

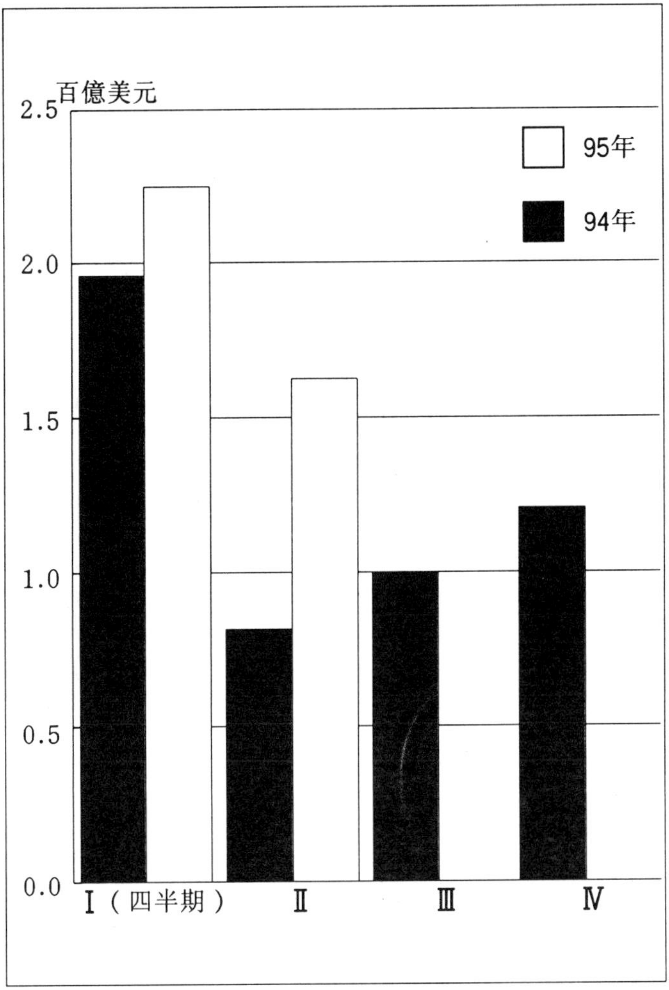


美國的海外投資更爲活躍。（商務省調查。取自日本經濟新聞的資料）

財務分析、業績預測的調查業，也與泰國公司締結合作關係。而戈爾曼・撒庫斯公司也於一九九五年進軍印度的投資銀行，出資給哥達庫・馬辛德拉・加比達爾公司，強化與當地金融機關的關係。

戈爾曼・撒庫斯公司的耶曼斯會長說：「以提攜戰略爲槓桿，希望擴展亞洲市場的業務。」

另外，代表美國的證券公司梅利爾林棋公司，也在一九九六年取得了印尼雅加達證券交易所的會員權。

梅利爾森棋公司根據一九九五年的決算，在亞洲地區的總收入比前期增加了二十八％，也就是十二億美元。而這個數字更是遠超過公司全體的成長率十八％。該公司的董事長大衛・曼斯基說：「今後還要再提高在亞洲的比重。」大幅增加在亞洲地區的人員。

這些都可以說明，對於新興成長市場亞洲的戰略已經白熱化了。不僅是美國，連歐洲各國的金融企業也開始展開攻勢。

這與以護送船團的方式，保護銀行的日本金融機關的亞洲戰略迥然不同。

日本的大型都市銀行，雖然大多都有進駐亞洲，但是他們的業務範圍卻極爲有限。這些有限的業務是指日本在當地的企業或從分店要匯往日本總公司的匯款事項，或者是擔保在日本的總公司所有不動產，融資給當地的子公司等侷限在進出當地的日本企業的相關業務。

日本的銀行，對於亞洲各國當地的企業，或者是進駐該國且頗有實績的華僑系企業，並不給予投資或融資。

這種明顯的以護送船團的方式具保護日本國內的金融生意，在戰後就一直實行，所以包含亞洲在內，在海外就不知如何積極展開金融生意。

這種嚴苛的現狀，除了銀行之外，保險、證券、流通、服務業等也都是同樣的情形。這些業種同樣在日本國內都受到保護，但日本國內市場已達飽和狀態，往海外擴展，尤其是朝亞洲發展，已是刻不容緩了。進出亞洲的企業，不應該只有尋求低廉勞動力的汽車廠商或是家電廠商等製造業而已。

新興亞洲市場，今後在很多種服務業上一定還會產生很多商機。但是在這一方面，日本與歐美企業卻形成了很大的差距。

## ●在長期的眼光下投資的美國企業

現在美國的各種業種都以亞洲市場爲目標。甚至其中有些就是「以亞洲爲賭注」，這種說法絕不誇張。像美國的香煙廠商，就是屬於將焦距對準亞洲市場，認眞的開拓市場的業種之一。

美國在一九九五年紙卷煙的生產量達世界生產量的十三％。但是，一九九六年柯林頓總統大幅限制對未成年者的香煙販賣及廣告，國內的銷售業績便因此而一路下滑。

在美國國內，成人的吸煙率從一九六五年的四二％到一九九四年的二五％，減少了約一半。由市民團體等所提出的限制「吸煙場所」或頒布的ＰＬ法，都在提倡吸煙「有害說」，在這種情況下，吸煙者不可能會增加。

而對香煙製造商落井下石的柯林頓總統，卻又提出「爲支援香煙生產者，不使生產量下降卻又要抑制銷售量」的矛盾政策，爲了因應這種政策，只有擴大海外市場，尤其是將賭注全都下在有數十億美元規模的亞洲市場。當然，俄羅斯及東歐市場也有可能性，但是國民個人所得若沒有一定的水準以上，像香煙產業這種「嗜好品市場」不太有擴大的空間，因此，遂將目標都放在隨著經濟成長，中間層急速擴大的亞洲。

在台灣，十五～十七歲的吸煙者，從一九八五年的三％躍升爲一九九一年的二十％。而整個亞洲的香煙消耗量，也在一九八八年到一九九二年間提升了十五％。

而「男性有六十％，女性才只有五％的吸煙者」這種亞洲市場特有的男女差距也不容忽視。有感於這個獨特市場特性的魅力，於是將目標對準女性市場，開始展開長期的銷售戰略。

此外，將來性極高的未成年者，也是重要的潛在目標，因此也對他們大量展開宣傳。

此外，代表美國的半導體及通信機器的製造商摩托羅拉公司，對亞洲的戰略非常積極。在中國、印度等地已經築好了半導體及通信機器的大規模生產據點，展現了不錯的成果。在進出亞洲的多數美國企業當中，它可以算是較傑出的一家企業。預定對中國的投資，到二千年爲止至少有十億美元以上。

摩托羅拉公司不但在北京有設計及研究開發中心，甚至還設置了摩托羅拉的研修中心「摩托羅拉大學」。

摩托羅拉的CEO（最高經營責任者）G‧特卡先生，對於該公司的亞洲戰略有以下的敘述。

「我們基於長遠的眼光，認為培養在亞洲各國當地的人材非常重要。所以積極進行品質管理的手法及尖端技術的移轉，培養當地的人材，希望能趕快建立由各國當地的人材來負責的經營體制。」

這點和只用短期視野來評價亞洲市場的日本企業，有很大的不同。因基本設備不完善、投資環境欠佳等因素而對越南等開發中國家的投資躊躇不前的日本企業，對於進駐亞洲各國當地法人的經營，也全都由日本總公司派去的職員管理，一點也沒有想要確立由當地職員負責的經營體制的意思。

這種體質上的差異，今後一定會隨著亞洲市場的擴大而形成更大的差距。因此，不管現在是否已經確立了新的戰略，修正日本中心主義，都將在今後日本經濟的發展上占有重要的意義。

## ■有官民差別主義的日本政府

### ●在亞洲市場重視官民一體的歐洲企業

覬覦亞洲市場的不是只有美國的企業。自一九八五年的市場（Plaza）協定之後，領先進駐泰國、馬來西亞等ASEAN市場的是日本。然而，這幾年來，如前所述，歐美各國對亞洲戰略也開始重視，積極的展開攻勢。

前英國首相梅傑，在一九九三年的日經連與其他經濟四團體所主辦的晚餐會上，表達了「英國決定更重視亞洲，在亞洲的經濟活動將更活躍。此外，也會重視與亞洲諸國之間的緊密對話，採取更強化在亞洲地區通商活動的方針。

在亞太地區，英國是歐洲最大的投資國，同時也是最大的貿易國，是第二出口國」，以上英國對亞洲的決定。

另外，法國為了擴大對亞洲的出口及投資，也於一九九四年發表了對亞洲的戰略。在這個戰略中，訂定了擴大出口機關的事業，提高中小企業投資促進預算中有關東南亞的預算，提高了在亞洲地區舉辦特定展示會的參加費用補助率，加強宣傳活動，以及在新加坡設置中小企業商業中心等積極的策略。

而法國密特朗總統也早在一九九三年，美國全面解除經濟封鎖之前，就以西方元首的身分首度訪問越南。另外，同樣在一九九三年，密特朗總統爲了推銷TGV（法國製新幹線），也造訪了韓國。隔年也就是九四年，巴拉德魯總理也訪問了中國。

由此可知，法國及其他的外國企業也都加入了亞洲市場的競爭。

從派出總理訪問中國，就可以看出法國對亞洲的投資當中特別以中國市場最積極。這是因爲法國販賣法製的幻象戰鬥機及護衛艦給台灣，使得中法關係急速冷卻，爲了修復對中的關係，才不得不採取這一連串的行動。

這幾年來，積極展開亞洲戰略的歐洲國家還有一個，就是德國。德國的亞洲戰略，可說是由牽引歐洲經濟的德國產業界，以及全面給予支援的德國政府「官民一體」來推動的。

他們的動機也和法國相同，由於歐洲的經濟衰退以及舊東歐共產圈各國的經濟復甦遲緩，所以他們也將焦點聚集在堪稱爲世界成長中心的「亞洲經濟圈」上。

具體而言，德國政府提倡的主題是「亞洲外交概念」。可具體分爲六大項，每一項都是德國政府爲圖強化與亞洲各國的關係，所製成的計畫及因應對策。

其內容爲：㈠貿易、投資，㈡化學技術，㈢環境，㈣通信，㈤開發援助，㈥教育、文化、政治宣傳等。

其中又以㈠的貿易、投資對策，非常具體的實行德國各企業對亞洲積極投資的支援策略。

這些的具體內容包括：㈠強化德國大使館、領事館的經濟活動，㈡強化在亞洲工商會議所及領事館的經濟活動，㈢由在亞洲的德國工商會議所或經濟部、外國貿易情報局等公家機關主辦亞太會議，㈣擴大、加強海外模範市、展示會等的產業支援宣傳，㈤對中國、韓國、泰國、越南等地區的出口企業提供顧問業務等等。

以地區別來看，和法國一樣，德國最注意的也是中國。政府首腦們也積極的展開行動。

一九九三年三月，經濟部長率領大型企業所組成的考察團訪問中國，該年十一月，柯爾總理訪問中國時，就得到了空中巴士、地下鐵建設等四十億馬克的大型建設計畫的契約。

## ●支援中小企業進駐的「德國中心」

爲了回應德國政府的這些具體且積極的支援對策，德國產業界也設立了亞太委員會，展開事業。

其中以設置在新加坡的支援德國企業進駐亞洲的「德國中心」，得到數百家大企業及中小企業的認同最爲成功。

這是因爲中小企業很難單獨進駐亞洲，因此設置了具共同辦公室等功能的「德國中心」，在此聚集了進駐亞洲的企業，同時提供有關進駐的各種情報及業種的顧問服務。

有很多企業都把這裡當成是亞洲市場的總公司，對亞洲地區展開各種事業。

可悲的是，類似這種大規模的「支援中心」，日本到目前都還沒有。大阪市、橫濱市或神戶市等部分的地方自治體，爲了支援，在中國的上海或大連，只能租借大樓的一個樓層當成事務所，勉勉強強的運作。

此外，像德國政府這種「官民一體」的支援政策，日本政府也不可能進行。只在意本國外務省（外交部）之外交問題的日本大使館及領事館，很難期待他們能「強化經濟活動」。

綜合商社掌握著世界的政治、軍事、經濟、產業的情報，以仲介海外進駐企業爲主流，而在日本，這種大商社又很多，所以投資規模較小的中小企業等就必須獨自去摸索進駐亞洲的門路。而目前並沒有能夠給予支援的政府公家機關或政策。自認爲足以領導亞洲的經濟大國日本，在這方面實在沒什麼作爲可言，想要取得ＡＳＥＮ的主動權，成爲「日圓經濟圈」，還有一大段距離。

## ●比日本更進步的泰國外交部之海外進駐支援策略

與日本政府的這種「官民差別主義」相比，亞洲各國對於進駐海外企業的支援政策，已經領先日本了。

泰國的外交部，已經成立了對泰國企業在海外的投資給予支援的新組織。這是爲了更確實的擴展以印尼半島爲主的「泰銖經濟圈」而設立的，而這個組織同時也兼具了當泰國企業在海外投資或泰國企業的商人在海外捲入國際紛爭時，能夠及時加以處理的危機處理等的機能。

以往泰國的經濟政策，是以日本企業爲主的外資導入政策和包含這些企業在內的促進出口政策爲主體。但是，現在進駐越南、馬來西亞等的泰國企業，泰資急速擴大。不但在越南的邊華與日本大商社共同開發大規模的工業區，而且在河內近郊，還有泰國的財閥系企業在那裡建設大型的商業公園。

此外，還在實行開放政策的緬甸建設飯店，在澳洲開設大的百貨公司等等，泰國企業的國際化，近年來急速的在進行。

爲了回應這些泰國企業的國際化，副總理兼外相阿姆奴艾呼籲，應該致力於給予進駐海外的企業必要的支援，成立屬於泰國外交部經濟局的新組織「商業關係協調部」。正如其名，這個「商業關係協調部」的活動範圍很廣泛，包含在海外的政治、社會情勢在內的投資情報，以及泰國企業所需要的原材料的供給情報等等，凡是對泰國企業有所幫助的各種經濟情報，他們都會去收集並加以分析。

副總理兼外相阿姆奴艾提倡「爲了支援泰國的經濟，必須確立攻擊的外交戰略」，並且極力主張「世界外交的主軸，將逐漸朝經濟方面發展」。

這與日本官僚化的僵硬外交政策相比，宛如天壤之別。「泰銖經濟圈」將在亞洲成爲日本的強力對手，看來那一天的到來應該是爲時不遠了。

就在日本政府束手無策的情況下，倍受體制煎熬的民間企業團體及部分的企業，最近已經開始逐漸的致力於對進駐亞洲企業的支援活動。

其中最值得注意的就是「曼谷·日本中心」的設立。這可說是爲了支援在泰國曼谷的日本企業，尤其是以進駐東南亞爲主的企業而設立的「日本中心」。

這是以日本的中小企業廠商爲主而成立的中心，因此它的基本構想不是以營利爲目的。但也不是單純的只爲支援進駐企業而設立，它的基本宗旨是「泰國與日本中小企業的技術交流」這個巨大的主題。

將在背後支撐日本產業的中小企業的種種技術介紹給泰國，同時也希望泰國政府能協力支援這些中小企業進駐泰國。

具體而言，就是希望能夠以低廉的租金提供共同辦公室或會議室，並在其周邊配置供長期居留者住宿的服務公寓或餐廳、購物中心、銀行等設備，並且還附帶有提供翻譯服務、現場直譯、顧問服務等多種服務機能的「複合型」開發中心。

日本幾乎所有的大企業都已進駐泰國，而與這些大企業有關的日本中小企業也隨之將掀起第二波的投資旋風。

如前所述，日本中小企業如果單打獨鬥的話將會有很多危機，因而猶豫不前。但是，以日本經濟的現況及大企業的生產據點在亞洲的轉移而言，進駐已不可避免了。

遺憾的是至目前爲止都還只是停留在構想階段，泰國的華僑系財閥已申請設置用地的提供，而泰國當地銀行對於融資的申請也持觀望的態度。

希望今後日本的中小企業能夠成功的「在亞洲存活」。

# 第三章
# 何謂日本通過的威脅

# ■不斷變化的亞洲風向

## ●生意人將賭注擺在亞洲

那麼，日本的企業現在是如何進駐亞洲的呢？而且，又打算如何進駐亞洲呢？生意人又該如何努力去抓住這些機會呢？

根據某產業研究所所進行的調查，全國的生意人，爲了日本經濟的殘存，已經開始自覺到進駐亞洲已成必然的趨勢了。

「如果將來公司派你或同事到『亞洲工作』，你會怎麼辦？」對於這個問題，回答最多的就是「爲了生存只好去了」，爲四九·八％。此外，以「爲了亞洲的發展」或是「爲了確保國際競爭力」等理由而同意赴任的人也很多。

另外，如果自己也將在明天被派往亞洲赴任時，「因地區不同，有的會欣然前往」的爲四八·八％，接近半數，而回答「在不影響人事評估的情況下還是希望留在

## 到亞洲就職的調查

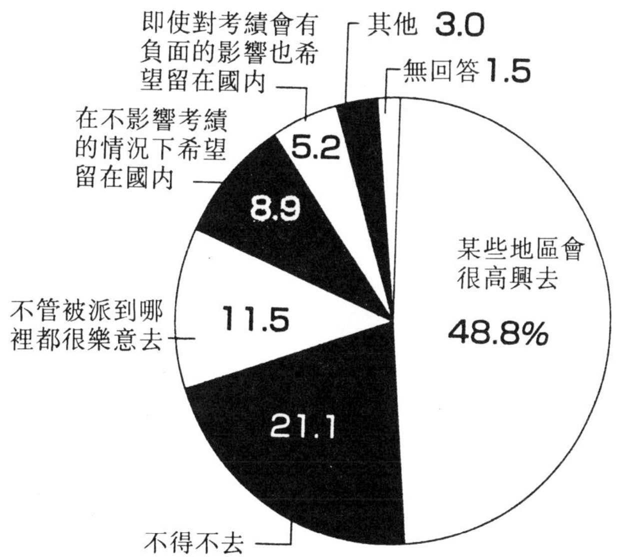


生意人已經開始認識到在亞洲生存的困難。
（取自朝日新聞資料）

國內」的人僅占了八・九％。

而希望前往的地區，排名第一位的是新加坡，接著是香港、上海、台灣、曼谷。

這可以說是現在的日本生意人，在體認到日本經濟時代的潮流後所得到的結果。事實上，日本的企業這幾年來，以亞洲爲主的貿易仍然出現「順差」，以亞洲爲主不斷的發展。

根據大藏省所發表的日本地區別國際收支狀況，一九九四年度對東南亞的經常順差，已經激增到七二〇億七十萬美元，遠超過歐美等經濟開發機構（ＯＥＣＤ）加盟國全體的數字七百億五千萬美元。

如果以日本企業進駐世界的狀況來比較的話，進駐世界所有地區的日本企業中，約有五四％，三千一百家公司是進駐在亞洲。

而看進駐在亞洲的企業的收益狀況，營業額的經常利益率在北美是一・九％，歐洲是一・二％，而日本國內爲二・四％，相較之下，亞洲地區的四・一％的高利益率最高。

## 日本企業在亞洲展開的軌跡

| | 進駐企業數 | 營業總額 | 經常利益總額 | 營業額經常利益率 |
|---|---|---|---|---|
| 亞洲 | 3,100家 | 12.1兆圓 | 4,000億圓 | 4.1% |
| 北美 | 1,304家 | 13.5兆圓 | 1,861億圓 | 1.9% |
| 歐洲 | 921家 | 6.8兆圓 | 661億圓 | 1.2% |
| 全地區 | 5,737家 | 34.5兆圓 | 7,668億圓 | 2.9% |
| 國內法人 | 466,824家 | 401.7兆圓 | 9兆4,650億圓 | 2.4% |

※營業額經利益率是指算出回答營業額、經常利益的企業。
根據通商産業省「等25次海外事業活動動向調查」

## 今後對日本而言較有希望的出口市場？

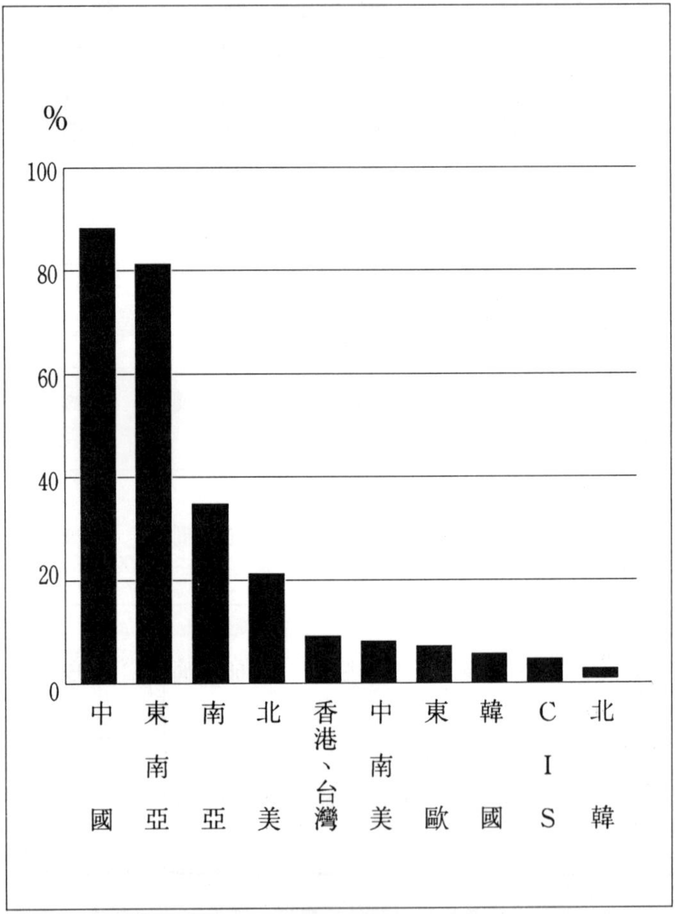


中國、東南亞市場最值得期待。（根據日本經濟新聞資料）

這些並不是只就人事費用方面來比較，在運送成本等的流通經費或研究開發費等方面，日本也比歐美便宜，因此綜合產生較高的收益率。

幾年後即將開港的上海及香港的新國際機場，還有韓國等的港灣設備的近代化，都將使亞洲出口的運送成本效率更好，相信一定能夠提高企業進駐亞洲的機率。

## ●從「順風」的進駐到「逆風」的進駐

儘管如此，日本企業進駐亞洲離一帆風順還有一段距離。正如第一章中所提過的，一九八五年市場協定之後的進駐環境與一九九二年以後的環境，已經有了天壤之別。

一九八五年當時，日本的企業是把重心擺在泰國、馬來西亞。當時日本國內的泡沫經濟正沸騰，國內經濟很順暢，家電廠或汽車廠等的裝配加工型產業，可說是在「順風」的狀態下進駐。

以帆船來比喻的話，就是正處於一帆風順的狀態。

然而，自一九九二年泡沫經濟瓦解之後風向也改變了。在侵襲日本經濟的新型構造不景氣的暴風雨中，日本的競爭力銳減，國內市場的流通自由化等因素導致價格破壞，隨之引發系列企業的骨牌效應，爲了因應這種情況，零件廠及各種中小企業便開始登陸亞洲。

與一九八五年當時進駐亞洲時的狀態相比，風向已經有了一八〇度的轉變。換言之，從原本積極的擴大業務或擴展業務而進駐亞洲的情形，一改而爲是爲了從日本市場的閉塞狀況中殺出一條生路而進駐亞洲，動機已經有了很大的變化。

這種動機的變化實在是非常嚴重的狀況。說日本經濟的活路只在亞洲市場，這種說法一點都不誇張。這種日本的現狀，已經不再是處於有餘力的「順風」中，而是已經沒有退路，已經在接近絕路的「逆風」狀況中進駐亞洲。

隨著這種嚴重狀況的逐漸改變，日本企業對亞洲的進攻，就面臨了一大障礙。

那就是歐洲和美國企業的抬頭，同時還有更強力的對手香港、韓國、台灣、新加坡等NIES諸國對亞洲的積極投資。這些國家對ASEAN諸國的投資額，從一九九三年前後開始急速的增加，對於日本的前進，形成一大障礙。

前面也敘述過，近年來香港、台灣、韓國、新加坡等的經濟力令人驚訝。參與越南、緬甸等大型飯店及工業區的開發，對東南亞的投資非常積極。

其中以台灣政府推進對東南亞積極投資的「南進政策」最爲活躍。台灣財閥系企業早就決定在菲律賓的蘇比克基地投資興建大型的開發特別區。此外，在越南的唐端出口加工區，也早就自行籌措好發電廠、道路等基本設備的費用。這也可以說是國民黨的積極投資。

此外，韓國的大財團大宇集團，也在河內興建高科技大樓，也已經展開與越南陸軍的合併事業。

起亞汽車也在印尼和蘇哈托總統成功的達成協議，將在印尼推行國產汽車計畫，在馬來西亞、泰國等地，也陸續展開各種大型的計畫。而在緬甸等地，韓國企業也積極投入飯店的興建當中。

泰國的財閥系企業也在越南開發工業區，而在政府保護政策護航下的石油化學工業產業，繼新加坡之後，也在ASEAN諸國推展石油化學相關的計畫。

## ●亞洲的蜜不甜

分析一九九四年外國對ＡＳＥＡＮ諸國全體的投資狀況，發現在馬來西亞及印尼等地，ＮＩＥＳ諸國的投資總額遠超過日本及歐美。

在馬來西亞，來自台灣的投資額比前年大幅增加了三・二倍，超過日本成爲最大的投資國。在印尼，來自台灣及香港的投資額也都比前年增加了十九倍、十五倍，大幅的提升。

而鄰近的ＡＳＥＡＮ諸國的投資也很熱絡。在泰國及菲律賓，來自ＡＳＥＡＮ諸國的投資額急速的增加。與前年相比增加了三十％的成長率，今後朝ＡＦＴＡ（東南亞國家聯盟自由貿易圈）的體制確立，相信一定能夠更順利的發展。

與ＮＩＥＳ諸國的進駐及ＡＳＥＡＮ地區內的相互投資相形之下，日本對亞洲的投資市場占有率卻急速下滑。

這些數字表示與一九八五年第一次日圓升值、進駐亞洲時期的「風向」已經有明顯的改變。

## 1994年對ASEAN諸國的直接投資地域別市場占有率圖

| | ASEAN | 亞洲NIES | 日本 | 美國 | 歐洲 | 接受投資總額 |
|---|---|---|---|---|---|---|
| 新加坡 | — | — | 21.1 | 56.6 | 20.9 | 2,967 |
| | — | — | 24.5 | 45.7 | 27.7 | (36.2) |
| 馬來西亞 | 9.6 | 37.0 | 15.7 | 11.1 | — | 4,394 |
| | 12.3 | 17.4 | 26.4 | 27.9 | — | (78.5) |
| 泰國 | 10.9 | 12.1 | 43.4 | 22.2 | 22.9 | 5,891 |
| | 7.9 | 8.6 | 62.9 | 10.0 | 17.6 | (36.0) |
| 印尼 | 8.9 | 43.7 | 6.5 | 4.1 | 14.2 | 23,724 |
| | 18.4 | 14.4 | 10.2 | 5.4 | 11.4 | (191.3) |
| 菲律賓 | 11.8 | 24.4 | 4.4 | 28.7 | — | 2,515 |
| | 8.7 | 10.2 | 14.1 | 16.5 | — | (328.5) |

※認可基礎、%、下段爲93年實績。接受投資總額的單位爲100萬美元。括弧内是與前年相比的成長率%。

換言之，就是表示日本在亞洲的經濟投資範圍，地位已經急速降低。也就是說「即使沒有日本的經濟力，ASEAN在其地區內也能夠朝向自立的方向發展」。

這對領導亞洲的經濟大國日本來說，是一種危機狀況。自負爲「亞洲的大國」的日本，曾幾何時也淪爲只是單純的「亞洲的一國」，失去了影響力。事實上已經形成日本通過的現象。

不只在亞洲的投資額是如此，就是在亞太地區的貿易交易總額，日本的比重也急速下滑。在亞太地區日本的出口總額占二十八%，進口總額占六%，只不過是整體的十五%而已。

這個數字意味著什麼呢？

也就是說在亞洲所生產的大多數製品，已經不再經由日本出口、進口了。在亞洲各國所見到的日本企業廠牌的電視及收音機，可以在亞洲製造，而且可以賣到日本以外的亞洲各國。

一九八五年第一次日圓升值時，在泰國及馬來西亞所製造的貨品，出口地以日本及美國爲主。而且打著日本廠牌的旗幟，也有很多是出口到台灣、香港及泰國等地。也就是將泰國及馬來西亞定位在屬於日本市場的生產加工基地。但是，在ASEAN各國提高獨自的生產能力，以中間層為主的所得及消費能力均倍增的今天，在亞洲生產的商品，也由各國之間開始交易了。

在亞洲所生產的商品進口到日本，同時高品質的日本廠牌，在亞洲也以高所得者層為主，以獨占亞洲各國的市場占有率而自誇——。這都只是日本以亞洲的龍頭老大身分獨自所描繪的構造。而這種構造，已經明顯的開始崩潰了。

日本在亞太地區的貿易比率已降到十五％。在亞洲所生產的商品，已經出現「日本通過」的現象，開始在亞洲各國自行流通。這些物品或資金，已經不再流入日本本國。不，日本應該要了解到期待這種現象的時代已經結束。這與主張「日本經濟必須在亞洲找出活路」的說法根本就是互相矛盾。

更詳細的說明的話，就是日本必須改變對亞洲「日本經濟必須在亞洲找出活路的方法」。也就是說必須將主軸從以日本為主在亞洲的生產加工業，轉移到意識到整個亞洲市場的產業進駐上。

對東南亞的國際貿易收支急速增加，但對歐美的收支卻降低了，所以必然的順差一定是集中在亞洲。在此流通的金錢，正如前述的只有十五％而已。

以往的「日本中心主義」及「一國主義」，在巨大的成長地區亞洲已不再適用。日本人必須有所自覺，該是從亞洲領導者的位置退下的時候了。

## ■在亞洲地位逐漸降低的日本

### ●日本型高品質已是無用之物

形成「日本通過」的背景，還有一個潛藏的重要因素。平常習慣於「日本型安全規格」，參加亞洲休閒旅行團或參加美食團的諸君，可能會感到意外而無法理解。但是，這個因素卻確實已經開始慢慢的滲透亞洲市場了。

這就是「日本型高品質商品」在亞洲市場中，已經不再適用的現象。

「怎麼可能。日本製的錄影機及電視機的性能是世界第一，怎麼可能輸給亞洲的廠牌。」一定有人會憤慨的這麼說。

的確，日本的家電製品或高科技製品都是高性能的，不論是中國或ＡＳＥＡＮ諸國的製品都無法與之抗衡。ＮＩＥＳ各國的技術，雖然有明顯的進步，但是除了台灣的個人電腦相關製品之外，毫無疑問的日本製品還是居於領先的地位。然而這種「日本型高品質、高價格」的商品，已經不再適用於逐漸擴大的亞洲市場。這種日本型「高品質、高價格」的策略，等於是在勒住自己的脖子。

十年前的亞洲市場，以華僑及政府高官等代表，是擁有豐碩經濟力的高所得者，與白領階級的低所得層明顯的呈二極化。

而「高品質、高價格」的日本製電視機及錄影機等，對庶民而言是高嶺之花，是高所得者層的權貴象徵。

但是，這幾年來，以中國或ＡＳＥＡＮ爲主的亞洲市場急速的產生變化。因各國的市場開放政策而創造了經濟力，國民全體的消費能力急速升高。爲了讓各位容易了解這種消費水準的變化，就以北京市民爲例來說明。請比較一下堪稱消費指數象徵的「三種神器」的演變。

一九六〇年代～一九七〇年代庶民的「三種神器」是指腳踏車、手錶、縫紉機或

## 北京市民每100人的<br>耐力消費財所有數

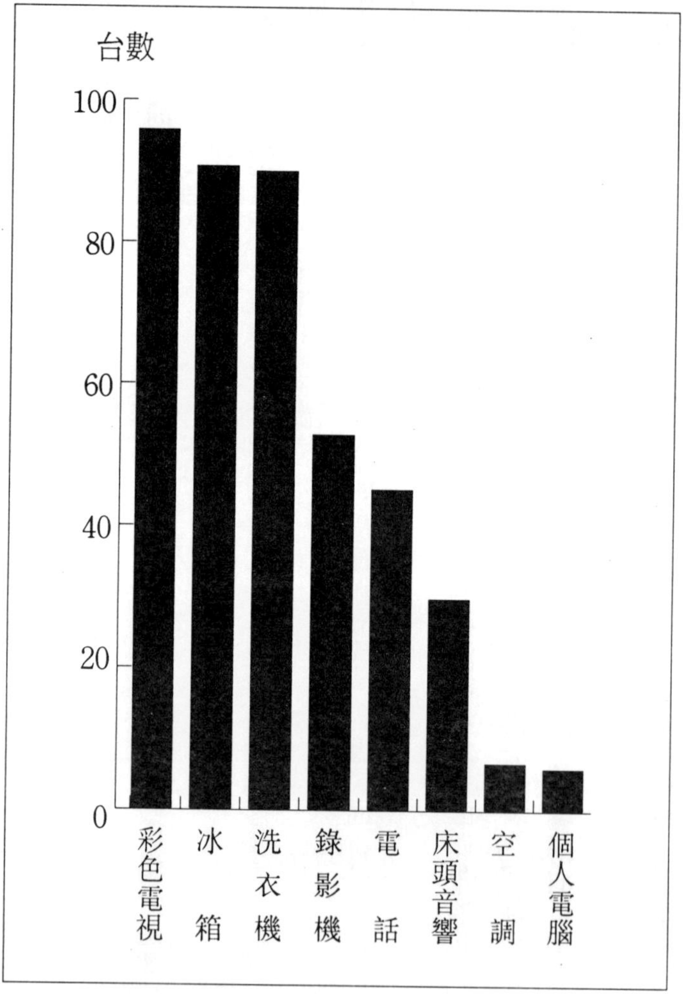


今後個人電腦或空調將成爲三種神器。
（根據1993年北京市居民家庭消費支出的調查）

收音機。各自的平均價格一台約爲一百元人民幣。人民服和腳踏車象徵著中國。

進入一九八〇年代之後變成彩色電視機、冰箱和洗衣機。同樣的各自的價格提升爲一千元人民幣，這已進入開放政策慢慢滲透的時代。到了一九九〇年代，則一舉成長爲車子、住宅、家庭電話或冷氣。而價格也突破一萬元人民幣。

一九八八年時才只有一萬四千輛的計程車，到了一九九五年就已經增加到六萬輛。市內也開始有拒載的行爲。另外關於車子的問卷調查，發現希望購買的人超過全世代的三成。因此，二、三年前才只不過有幾家汽車教練場，如今也增加到二百家。

由這些數據的確可以看出庶民的生活變富庶了。高所得者層和低所得者層之間的中間層急速擴大。而這個數目，在中國或ASEAN各國都形成了龐大的人口。

這就是新興市場，第三消費者層已然成爲亞洲市場的核心。

這個「第三消費者層」，嚴格說起來有二種型態。像泰國、馬來西亞等的國民個人GNP是超過二千美元以上的國家，是屬於比較富裕的「成熟期、第三消費者層」。而中國、印尼、印度等國民的個人GNP是低於一千美元以下的國家，是屬於逐漸富裕的「成長期、第三消費者層」。

至今日本企業的亞洲戰略是割捨後者的「成長期、第三消費者層」。此外，位於前者泰國及馬來西亞的中上階層的人，不喜歡「韓國製品或台灣製品」，仍喜歡「高品質高價格」的日本製品。

## ●目標對準二十三億人口市場的NIES企業

泰國曼谷的實質國民個人GDP是全國平均的三倍，據說是六千美元到八千美元。之所以無法像日本一樣算出正確的數字，是因為曼谷、北京、上海等亞洲的大都市地區的經濟力，的確超乎想像的充裕，是值得注意的市場。

在這些大都市地區，當然「日本製」的家電商品及消費財仍然是最受歡迎的廠牌。但是，這些市場畢竟只是亞洲的一小部分而已。

在十幾年前，中國近郊都市或印度、印尼等地區，擁有彩色電視或錄影機的家庭也都只有一台。當然，這些層級日本企業的亞洲戰略並沒有將他們放在眼裡。

然而，這幾年來，這些階層隨著亞洲經濟整體的成長，已經躍升為「成長期、第三消費者層」，是一個非常有勝算希望的市場。

這個龐大的市場，當然韓國、台灣、香港的企業都不會放過。他們將NIES諸國拿手的「中品質、中價格」製品大量送往「成長期、第三消費者層」市場。因爲能符合消費者的需求，所以營業額急速上揚。

於是「日本製高品質、高價格」商品，說明白點就成了不適合的商品。也就是說，比起「日本製高品質、高價格」商品，台灣、韓國製的中精度、中品質、中價格的商品更能充分符合「第三消費者層」的需求，比這個更好的「高品質」商品已超過他們的需求了。

這個「第三消費者層」，如果要成熟到像曼谷或上海市民那樣有能力購買高品質、高價格的日本製品，至少還要等上十年。但是，他們已經成長爲有充分能力購買NIES製品等中品質、中價格製品的消費者層。

於是「日本通過」現象就此展開。

若以這二種「第三消費者層」來比較，就數目上來看，當然以「成長期、第三消費者層」占壓倒性的勝利。以人口來看，前者約八千萬人，後者約二十三億人，這個差距足足有三十倍以上。這個比例是歐美市場無法比擬的。

在成長中的亞洲市場，後者的「成長期、第三消費者層」勢必將在不久的將來成爲亞洲經濟的中心。中國、印尼、印度的「二十三億人口」市場，是將來有希望的亞洲市場的主流，今後將會如何形成，將是預測世界經濟未來的重要因素。

那麼，日本企業應該如何對這個「第三消費者層」市場採取因應對策呢？是否要一直等到印尼、印度成長到像上海那樣的市場，有能力指名購買「最好的日本製品」呢？那恐怕還得等上十年、二十年的時間。想以目前所擁有的資產來一較長短的話，日本企業恐怕沒有這種體力了。

那麼，是否該降低目前製品的價格及品質到ＮＩＥＳ諸國的製品水準去開發市場呢？但是若考慮到至目前爲止的設備投資及日本人的人事費用，以及出口到其他地區等因素，還是有其界限存在。

因此，要打破目前的這些狀況，只有一個適當的對策。那就是日本企業必須明確的開發出與目前的生產線不同、適合「第三消費者層」的商品，要立刻調整出二種生產體制。也就是，要生產與日本型高品質有一段距離的中品質的中價格製品。

要製造出這樣的生產線，就要先開發出堪稱爲「亞洲規格」的獨創機械才行。並非日本的高度生產機械，重點是要適合「亞洲規格」才行。

如果用日本型高性能的貴重機械設備來投資，一定不合乎成本。所以只要利用中古的機械來維持「中品質、中價格」的「亞洲規格」就已足夠。

能否進行這種柔軟構想的轉換，將是掌握今後亞洲市場成敗的關鍵。要捨棄以日本爲主的「幻想」，爲了要能柔軟的對應亞洲市場，勢必要重整生產管理體制及當地的組織才行。

然而現實上日本多數的大企業，依舊無法掌握這個「成長期、第三市場」的實態，沒有發現它的龐大潛力。當然也就不會去考慮到這些地區的銷售體制。

裁決權都集中在日本的總公司，當地子公司或分公司只能執行來自總公司的市場行銷指令，若繼續這種「大使館型」生意的日本大企業，體質上不做改變的話，將無法敏感的對應市場的變化。在周邊的亞洲諸國創造經濟力、獨自展開亞洲戰略的今天，日本企業能否進行「體質轉換」，將成爲能否在亞洲市場「再復活的關鍵」，而這一刻也正在慢慢接近。

## ●另外一種「逆風」，亞洲新興二世的抬頭

正如至今所敘述的，日本在亞洲的地位，已經遠低於日本人平常的認識，顯示這些的具體徵兆，已經明顯的出現在各個範圍的數值上了。在這種殘酷的環境下，進駐亞洲已經因爲各種的要因而變成必須在「逆風」的狀態下進行。

會處於這種「逆風」的環境中，還有一個要因，那就是亞洲各國這幾年來急速進行的大財閥的「世代交替」。

支配著亞洲經濟界的「華僑」，他們的力量是衆所周知的。這種「血」與「地」的關連，形成了能量及權力，基於強固的信賴關係而產生了網路。中國籍但定居在海外的中國人稱爲「華僑」，而取得定居地國家國籍的中國人則稱爲「華人」，以此來區別。

看似有些複雜，不過中國是依傳統的「血統主義」而採用國籍法，因此，產生了許多在定居國有雙重國籍的中國人。與採用「出生地主義」國籍法的國家之間就引起了許多問題。近年來，已與各國達成協定，可由當事人的意思來選定國籍。現

在，在世界上住在中國以外地區的「華僑」「華人」總數，據說有二千六百萬人到五千萬人以上。雖然無法掌握正確的數字，但這已是足以與馬來西亞或緬甸等國家一國的人口相匹敵的數字。而這些華僑、華人，有九十％以上都是定居在以東南亞爲主的亞洲各國。

這些華僑、華人們在經濟領域上的卓越手腕，可說是「執亞洲經濟界的牛耳」。以泰國來說，華僑、華人的比率只不過是總人口的十％不到。然而，華人系的四大銀行卻擁有泰國全部銀行總資產的六十％以上的資產。實質上國家的金融資產，幾乎都是由以華人系銀行爲主的產業在營運。

另外，在印尼，華人所占比率也只不過是整個人口數的三％，但是大型公司的企業中有六十家以上卻都是華人在經營。在菲律賓也是一樣，像前總統艾奎諾即出身於華僑財閥，居上位的企業也大多由華人經營。新加坡更不用說了，大家都知道它是「華僑」爲了守護自己的資產而獨立出來的國家。

這些華僑、華人們，都是在一八四〇年的鴉片戰爭到一九四九年的中國獨立時代，這段期間內移居海外的勞工。因爲中國本國的貧困以及歐美各國的亞洲殖民地

(　)內爲經營者或是老闆

**■台　灣**
國泰人壽保險(蔡萬霖)
　台灣最大的壽險公司
台灣塑膠(王永慶)
　以製造合成樹脂爲主，是世界性的企業
長榮集團(張榮發)
　世界最大的貨櫃船運輸公司
中國信託商業銀行(辜濂松)
　出身於台灣的名門，是辜氏家族的核心
統一企業(高清愿)
　台灣最大的食品大型連鎖企業
埃索(施振榮)
　台灣最大的電腦製造廠商

**■香　港**
長江實業(李嘉誠)
　控制香港基幹產業的最大財閥
新鴻基地產(郭炳湘)
　代表香港的不動產公司
威樂克・瓦夫(吳光正)
　吳光正爲已故的海運大王Y・K鮑的女婿
恒基地產(李兆基)
　有力的開發者，對於中國的開發也不遺餘力
新世界發展(鄭裕)
　以不動產爲主力。在中國也投資基本建設
合和實業(胡應湘)
　在中國等地興建火力發電廠
凱利集團(郭鶴年)
　香港的飯店大王，香港英文報也成爲其傘下的企業

**■印　尼**
沙里姆集團(斯得諾・沙里姆)
　與蘇哈托總統關係密切，是該國最大的財閥
西納耳・馬斯集團(艾卡・吉普塔・威加亞)
　爲該國第2大的企業集團
里坡集團(莫夫塔爾・里亞迪)
　在中國也有金融、不動產事業
巴里特・帕西夫庫(普拉優克・潘給斯茲)
　世界最大級的合板製造商
達爾馬拉集團(斯拉爾戈・公德克斯莫)
　在亞洲展開不動產、金融事業

## 亞洲有財力的華人企業和事業內容

**■新加坡**

OCBC（李成偉）
　　新加坡四大商業銀行之一
CITY・DEVELOPMENT（奎克・連邦）
　　洪流集團的基幹公司

**■馬來西亞**

RESORT・WORLD（林梧桐）
　　以飯店、賭場爲核心在中國也展開事業
培爾加也集團（賓森・唐）
　　由100家以上的公司組成的新興集團
洪流企業（奎克・連・陳）
　　展開製造業、金融、不動產等事業
MUI（克・凱・潘）
　　對歐美企業的投資也很積極

**■菲律賓**

FORTUNE・香煙（路西歐・唐）
　　菲律賓航空也是唐氏名下的產業
亞洲世界（唐・游）
　　在加拿大、台灣等地從事大規模的不動產開發
JGSUMMIT（約翰・哥康威）
　　展開食品、紡織、不動產、金融等事業
馬拉揚集團（阿爾風梭・游金柯）
　　以金融爲主軸，事業擴大到通信範圍
舒馬特（亨利・辛）
　　以零售業爲基礎在馬尼拉從事大型不動產開發

**■泰　國**

曼谷銀行（查特理・蘇斑帕尼特）
　　擁有東南亞最大的華人系金融資本
CP 集團（坦寧・查拉瓦隆）
　　在泰國的多國籍企業
拉姆沙姆集團（龐雄・拉姆沙姆）
　　以泰國農民銀行等爲核心的金融資本
沙哈集團（賁亞西特・邱庫瓦坦那）
　　以消費財爲主力的有力企業
吉那瓦特集團（坦克辛、吉那瓦特）
　　泰國情報、通信產業的領導者

化政策，他們才會以勞工的身分移往以東南亞爲主的地區。

這些華僑、華人的第一世代，遍嘗了各種辛勞，以獨自的「血」與「地」的網路和勤勉的商才，建立了華人、華僑系的企業，並獲得了成功。以零售業、食品業、金融業等爲主，慢慢形成了華人、華僑系財閥的王國。

這些華人、華僑系企業的事業展開，大多有個特色，就是以零售業等成功所得的資本去取得不動產，然後再大規模的展開飯店、流通等的服務業。也就是以「不動產」爲主體的生意。

在越南早就興建小型飯店，短時間內資金就回收了，然後再以出租的方式經營，這都是華人、華僑經營者的拿手絕活。在基本設備等都尚未開發的緬甸等地，也以不動產投資來興建飯店等。這是日本人無法相比的。

對於「不動產」的意識，在「套頭交易」這點上與日本人是共通的，但是卻不像日本的銀行那樣有「擔保主義」的「不動產神話」。對他們來說，不動產只不過是屬於必須使其不斷流通的「商品」罷了。

像華人、華僑系的企業，爲了展開以不動產爲主體的生意，所含資產等的資金量勢必要非常龐大。然而，與這些龐大的資金相較之下，就顯出「技術力的脆弱」。

華人、華僑系企業的草創者，大多是無法到學校上課的「勞工出身」。因此，沒有辦法培育出「技術系」的企業家。

這對趁著第一次日圓升值的「順風」期進駐亞洲的日本企業而言，是他們得以順利登陸泰國、馬來西亞的一大要素。

自一九八五年開始，日本企業以泰國和馬來西亞為主進駐亞洲，這時就受到華人、華僑系企業的積極支援。擁有雄厚資金的華人、華僑系企業，與在亞洲擁有最高技術水準的日本企業相互合作，可謂是完美的組合。他們對於日本企業的技術力非常羨慕，而且是「絕對的信賴」。因此，在泰國、馬來西亞、印尼的華人、華僑系企業，除了與自己的企業合併之外，也運用了自己企業的網路關係，幫助了多數日本企業的進駐。

當時的日本企業得以成功地進駐亞洲，關鍵人物就是華人、華僑系企業。但是，這幾年來，這些華人、華僑「以土地為主」的生意型態已經有所改變了。

以往「以土地爲主」的生意型態，已經改變成積極的投資高科技、通信範圍等的尖端產業。以往雄厚的資金，已經不再只侷限在不動產開發、流通、零售等的投資，也開始把雄厚的資金投資在CATV、半導體等的個人電腦相關產業上。

而這個投資範圍產生大幅度轉變的背景，就是華人、華僑系企業的世代交替。

牽引亞洲經濟的華人、華僑企業的創始者們，近年來都已邁入高齡，他們已開始將棒子交給他們的兒子們的「第二世代」。

印尼最大企業集團「沙里姆集團」的總裁林紹良，今年已經八十高齡了。馬來西亞出身的飯店大王郭鶴年也已經七十八歲。而率領台灣最大的民間企業、在香港是最大華人財閥的李嘉誠，或者經營上海最大休閒地的新世界發展會的會長鄭裕，也都已經是七十歲前後的高齡者了。而這些繼承華人、華僑第一世代之後的第二世代，他們最大的特徵是沒有嘗過父親胼手胝足的辛苦經驗，而都有到海外留學，得到豐富的知識及教養。在父親興建的企業王國的富裕環境下成長的他們，幾乎都畢業於歐美的一流大學，都有很強的外語能力及高度的教養。

李嘉誠的兩個兒子都在美國的史丹福大學習得土木工學和電子工學後歸國，在新加坡經營多角化事業，同時也向次世代通信服務的事業挑戰。

香港的海運大王，已故的Ｙ・Ｋ鮑的女婿吳光正，也是畢業於美國的哥倫比亞大學的商學部，曾服務於曼哈頓銀行，後來才繼承事業。其他像畢業於普林斯敦大學或劍橋、ＭＩＴ等的第二代經營者也陸續出現了。

他們在美國自由的風土下成長，頭腦清晰且都擁有尖端的情報和知識。商業感覺也與第一世代不同，他們將亞洲定位在「全球社會中的亞洲」，將生意眼光放在整個世界上。

當然，對日本的評價也與第一世代完全不同。他們能敏感的感受到無邊界的亞洲地圖，對於日本的技術也不會給予過多的評價。相反的，還將閉塞的日本社會系統及以日本爲主的產業障礙和限制當成「反面教師」，給予嚴厲的批評，對今後也不存有期待。相反的，還與美國、歐洲的投機企業互相提攜，以他們成長國家的經濟力及父親的資金力爲武器，獨自想闖出以往所沒有的新產業。

在這股新的亞洲潮流當中，「日本通過」現象開始出現。基於一些必要的條件或內容，他們也許會和日本企業合作，但已不像第一世代那樣，把日本看得那麼重要。日本也只不過是世界市場中的亞洲一員而已。

他們的關鍵語是第一世代所沒有的「國際性」和「技術力」。

這些現象不只發生在華人、華僑的第二代經營者的身上。曾到海外留學的四十幾歲國際新興企業家們，最近也陸續在亞洲各國誕生。

像台灣的大型個人電腦、顯示器製告廠「邁道」電腦的創始人苗豐強，即出生於一九四六年，今年才五十二歲。他原是美國因蓋爾公司的職員，是獨立出來創業成功的例子。而在印尼成立衛星營運公司而備受矚目的艾迪·王董事長，就是將他在加州工科大學所學的航空、宇宙工學知識活用在事業上。今年也才只有四十四歲。

在泰國，同樣也誕生了一些冒險企業家。例如販賣OA情報機器的大廠商「撒哈利阿OA」的傑克·傅董事長（四十三歲），半導體製造廠商「ALPHATECH·ELECTRONICS」的江董事長（五十一歲）等都是。

此外，像新加坡的聲控個人電腦廠商「CREATIVE·TECHNOLOGY」的董事長辛萬福（四十歲），在馬來西亞生產摩托車的汽車廠商「DRB」的董事長亞哈亞、阿馬得（五十一歲）等多數的冒險企業家都誕生了。

這些亞洲新興的冒險投資企業家們，敏銳的捕捉到本國的限制緩和及伴隨經濟自由化後的內需擴大，還有即將到來的次世代情報化社會等訊息，活用自己的語言能力在國際商業中急速的擴大自己的業務。

而各國支援這些冒險企業的政策也開始動了起來。在印尼，全國的十四州都設有政府與當地企業的投機資本。在新加坡則設有以資金支援開發獨創新技術的支援當地企業的制度。而在泰國，則是由屬於政府機關的投資委員會（ＢＯＩ）對新規事業給予減稅的制度，在實質上給予投機企業優惠措施。

這些新興亞洲冒險企業的力量，今後將會使事業擴大、倍增。已經從以往的「土地本位制」商業褪變成活用獨自的「國際性」和「技術力」來投資「尖端科技」。再加上從一九八九年開始的經濟自由化的波濤以及亞洲經濟的全球化、無界限化的這波巨大的浪潮，產生了以往不曾有過的大商機。

在這些新興的亞洲冒險企業家的意識中，日本只不過是亞洲的一個國家。他們對於日本的「技術」「經濟力」並沒有任何的期待。

(　)內爲出生年

**■馬來西亞**

達助亭・拉母理(1946)

以 TRI 會長展開移動體通信事業。同時也兼任馬來西亞航空的會長

賓山特・唐(1952)

因旺盛的企業收買而急速成長的貝爾加亞集團會長

阿蘭達・庫理休南(1938)

以投資公司烏拉哈・迪卡斯公司爲主軸，展開通信、衛星放送事業

亞哈亞・阿馬得(1947)

汽車製造廠商、DRB 的會長。是馬來西亞最早生產國產摩托車的公司

**■泰　國**

江・阿沙瓦邱克(1944)

半導體製造廠商、ALPHATECH・ELECTRONICS 最高經營負責者

傑克・傅(1954)

是 OA、販賣情報機器的大盤商沙哈威利亞 OA 的社長

比克隆・克瓦查拉查倫(1953)

工業區開發公司的班帕空工業區社長

**■印　尼**

發迪爾・莫哈馬得(1952)

以工程事業爲核心，是布卡卡集團、古馬集團會長

哈里・達馬王(1940)

擁有馬塔哈理百貨連鎖店50家以上

艾迪王(1953)

衛星營運公司的董事長

斯康得・塔諾得(1949)

是以人造絲、製紙爲主軸的卡加・卡爾塔・馬斯集團的會長

沙馬迪昆・哈爾得諾(1948)

相機底片製造廠莫丹集團的會長

## 亞洲主要的投機企業家及其事業內容

**■台灣**

苗豐强（1946）
　　創設與埃索並稱的大型電腦公司，並創立顯示器製造廠邁道公司
胡洪九（1939）
　　半導體的投機企業，是台灣茂　電子的創業者之一
謝裕民（1957）
　　電爐中堅的桂宏企業董事長。並打算以個人出資公司的名義興建一貫製鐵所

**■香　港**

波爾・康（1947）
　　CHAMPION TECHNOLOGY 的會長
吉米・賴（1948）
　　GIORDANO 的創業者，對大衆傳播業也投注不少心力

**■新加坡**

辛萬福（1956）
　　CREATINE TECHNOLOGY 的會長
帕德理克・涅姆（1954）
　　新加坡最大的電腦製造廠商，IPC 的會長
Y・Y・王（1945）
　　銷售情報機器的大盤商，Y・Y 集團的會長
理察・李（1966）
　　香港的實業家、李嘉誠的次男。向次世代通信服務的事業化挑戰

國家的方針比日本明確，而且在通信行政等方面也沒有限制的自己國家中，運用自己在美國等國所學得的技術力，就足以將獨自的尖端產業充分擴大。

在商業型態上，因爲曾在歐美待過，擁有豐富的人脈，在「國際性」方面比日本同世代的人更爲老練。當然，這些企業家的英語能力一定是呱呱叫的。有了這些條件爲基礎的情報感度，正好可以運用在這個無邊界的時代。

他們這些人，正是可以將「亞洲夢想」具體實現的人才。

擔當亞洲全球市場的新興冒險企業家們，今後將會對日本企業吹出「逆風」。面對這股亞洲新力量、能兼具獨創性和國際性能量的日本冒險企業，遺憾的是目前只有少數幾家而已。

# 第四章

# 在逆風的亞洲能夠成功的技巧

# ■日本企業將目標對準亞洲

## ●生產據點、資料等籌措都大幅度的移轉到亞洲

儘管進駐亞洲的環境變得更加嚴苛，但日本企業朝亞洲進駐的數目仍持續增加。這些當然包括為了維持國內的生產而不得不向亞洲購買便宜資材的廠商，以及因成本競爭激烈而不得不將生產據點轉移到亞洲的企業。

總之，都是「迫於無奈的進駐」。

根據日本政府於一九九六年度對各企業進行「海外生產、籌措動向調查」顯示，日本企業預定進駐海外的企業所選定的進駐地點，以東南亞的五〇％占第一位，第二位的中國為四一．七％。全體中有九一．七％都是將目標擺在亞洲。此外，關於從海外籌措資材方面，今後需增加籌措的地區是哪裡？關於這個問題，答案仍以東南亞的五二．五％占第一位，其次是中國的四九．五％，台灣的三七．七％。

## 今後將增加資材籌措的地區

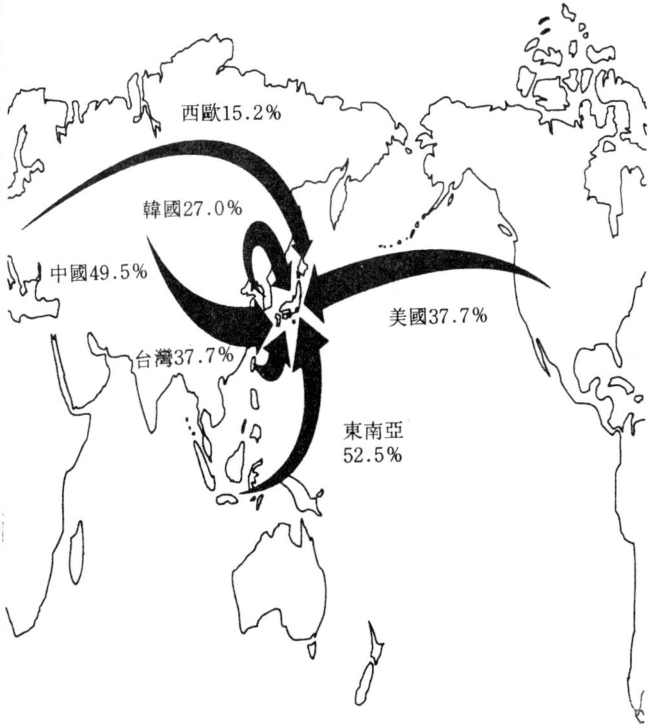


(註)此外，加拿大6.4%、印度6.4%、中南美5.4%、
東歐3.4%、墨西哥1.5%、俄羅斯0.5%

**來自東南亞、中國、台灣等亞洲的資材籌措將增加。**
**(根據海外生產·籌措動向調查　取材自日本經濟新聞)**

海外進駐地點去年以中國占首位，但現在已被東南亞取而代之了。這可能是中國的人事費用提高、法律制度、增值稅等的稅制急遽變化所產生的影響。

然而，根據中小企業金融公庫的獨自調查結果，進駐中國的企業還是增加了一一·四%。也就是說若僅就中小企業來看，最近撤退企業也增加了、制度面等的危機也浮上檯面了，儘管如此，中國還是一個很具魅力的市場。

就資本投下的金額來看，一九九六年度還是比一九九五年度增加了二十三%。與大型企業為回避中國的危機而將重心轉移到東南亞的情況相比，資金力較有限、逼迫感較高的中小企業，仍然重視具有十三億人口的中國市場的高成長，連日本也開始將「賭注」投在中國。

根據前述的海外進駐及資材籌措的調查結果，在亞洲的預定雇用者數消減了七%。這也是表示從單純的低薪資的勞動集約型產業轉變成第三次產業等，進駐企業也慢慢多樣化的結果。

從原本只是大企業生產加工據點的亞洲進駐，轉變成含各種冒險企業在內的中小企業，也開始將亞洲當成目標。

## ●外食產業進駐亞洲

最近特別引人注意的是「外食產業」的進駐亞洲。從一九九二年開始，日本的漢堡連鎖店及咖啡連鎖店、旋轉壽司等都陸續進駐亞洲。

以小酒館聞名的「養老乃瀧」（總店在東京），也於一九九六年度中決定要到泰國的曼谷和新加坡開店，一九九七年便與當地企業訂定聯營契約，計畫在這些地方各開三十家店。而中堅漢堡連鎖店的「摩斯漢堡」也和有意進駐亞洲的八百伴流通集團合作，打開在以中國上海爲主建立漢堡連鎖店，希望在一九九九年以前能在中國全境開設一二〇家店。

另外，咖啡店的連鎖經營也已經展開了。像在日本國內以低價位的小吃店形式展開連鎖經營而急速成長的「德特爾咖啡」，也將在一九九六年度中在上海以直營方式開設第一家店。而ｋｅｙ咖啡也計畫在一九九七年在馬來西亞的吉隆坡及印尼開店。

這些外食產業在一九八五年，當時趁著第一次日圓升值，有部分的企業曾進駐

## 外食產業進駐亞洲的狀況

| 企業（主要業態） | 既存店數 | 今後的開店計畫 |
|---|---|---|
| 養老乃瀧（居酒屋） | 68 | 一年內將在新加坡和泰國開店。一年內將開30家店 |
| 真鍋（咖啡店） | 50 | 計畫97年在吉隆坡開店 |
| 德特爾咖啡（咖啡店） | 42 | 一年內將在上海開店。將來也打算進軍俄羅斯 |
| 吉野家 | 35 | 9月在韓國開店。預計到97年2月在亞洲開15家店 |
| 摩斯漢堡 | 28 | 預計到99年3月爲止在中國的店數將增加到120家 |
| 芳鄰（餐廳） | 28 | 在台灣的店數有減少的趨勢。打算重新更改菜單 |
| 花王（烤肉） | 21 | 自97年開始在中國全境展開 FC。也計畫在蒙古開多家店鋪 |
| 元氣壽司（旋轉壽司） | 11 | 年內將在馬來西亞和香港各增加一家店 |
| 蒙得羅沙（居酒屋） | 0 | 10月將在台灣開店。97年中也將在新加坡開店 |

**※既存店是指1996年7月時，包含 FC 店在內的店鋪數**

泰國、馬來西亞。但大多遭到失敗、撤退的命運。原因在於進駐的本質上產生了很大的問題。

先前已經敘述過了，當時亞洲市場的中間層仍不成熟，一般庶民的購買力還沒有達到日本企業預測的水準。相反的，日本的外食連鎖店在當地都被定位在「高級店」。

這次趁著第二次的日圓升值，進駐亞洲已不容許再重蹈覆轍，最重要的就是要確實捕捉住的確不斷在擴大，成爲亞洲市場消費主軸的中間層。

能否確實做到這點，將是日本企業今後成敗的關鍵。但是，像外食產業等服務業，日本企業與華僑系企業或ＮＩＥＳ系的企業相較之下，在亞洲市場中其營業能力就產生顯著的差距。

## ●與當地同化的「面」的展開

爲各位介紹一個具體的例子。這是在上海開店的日本料理店。這家料理店位在上海中心的大道上。在開店之初，是以駐在當地的日本人及生意人爲主要顧客，生意非常興隆。顧客大都以大型企業的日本人為主，還有部分的上海人。老闆在經營方面區分得非常清楚，除主廚之外全都雇用當地人。

店的營業額非常平穩，而且還不斷的成長，於是積極的開設第二家店、第三家店。對象依舊以日本人為主，價格設定也針對日本人而定。

幾年後，在上海展開日本料理店的競爭。光是在上海就有幾十家店在競爭，開始了顧客爭奪戰。而且，上海隨著高度成長，地價也急速攀升，而開店的地區都選在最好的地段，因此不動產的金也跟著上漲。當然利潤就會減少，經營也就越來越困難。

然而，老闆並沒有注意到這點。在這種狀況之中，中國人經理與日本人老闆在店的經營方針上便產生對立，辭職不幹了，而這位經理竟然獨立自己開起日本料理店來了。這家店不是在大道上，而是在巷子裡的倉庫之前。因此，店面的租金只有大道上的三分之一。但是，當地的人因為熟悉路況，所以根本不在意它所在的環境。

而他也將先前在日本料理店所學會的日本料理，比先前的店便宜了四十％～五十％的低廉價格提供給顧客。這個價位，當然是以當地上海人普通的上班族為對象而設定的。開店以後，即受到當地人很好的評價，營業額不斷上升，很快的就超過原先的日本料理店。

因爲深受當地生意人的好評，因此有時也會請日本人駐在員到店裡來，客層中中國人與日本人的比率約爲六比四。而原先的那家店，情況則恰好相反，擴大的店紛紛關閉，最近甚至聽說連本店都要關店撤退了。

在這個實例中，明顯的暴露出在亞洲的日本人經營者容易陷入的一個問題點。那就是日本人即使在亞洲開設外食產業等服務業，它的顧客對象仍以日本人爲主，服務內容也都是針對日本人而設定。像在曼谷及上海，以日本人駐在員爲對象而開始的生意，隨便就可舉出很多。

的確，光是派駐或定住在曼谷的日本人，有登錄的就有三萬人，實際數目還要將短期居住者也算進去，大約就有六萬人。而登錄在日本人商工會議所的進駐企業則超過一千家以上。

但是，與曼谷的總人口相比，這個數字畢竟只是少數，不可能會急速增加。所以若光是以日本人爲對象，恐怕就很難讓生意一直持續下去。

因此，若不改以當地的消費者爲對象來展開生意的話，恐怕很難在亞洲存活下來。

在一九九五年時，北京約有十五家日本料理店，而最好的顧客當然是日本的商社及大型企業派駐在當地的職員。但是到了一九九六年時，位於北京的日本料理店，他們最好的客人卻被中國人取而代之了。中國人的官僚及國營企業的幹部，乘著賓士轎車而來，與日本商社人員不斷「乾杯」接待日本人的光景處處可見。這個事實，日本人一定要接受。

散居在世界各地的華僑，也在各國經營中華料理店及各種服務業。然而他們與日本人不同，他們能入境隨俗與當地融合，以當地人爲對象，成功的推展他們的事業。

泰國的華僑系財閥沙哈集團及CP集團，他們的上一代也是以當地人爲對象，以賣雜貨及零售業起家。相對於這種與當地同化型的「面」爲據點的生意，日本人的特色就成了只鎖定在亞洲的日本人社會的「點」爲據點的生意了。

今後，亞洲社會整體將更爲無邊界化、全球化，而在這股潮流之中，「面」與「點」的差距，一定會逐漸拉大。

## ■何謂「日僑」型商業

### ●在亞洲想要成功，一定要有大膽的構想轉換

進駐亞洲的日本企業大多視野狹窄，對事業都只是以「點」的方式展開，不僅是服務業如此，就連大企業或商社也都如此。

先前所敘述過的「大使館型」商業，可說就是屬於閉鎖型的商業。

這些都只是日本總公司派駐在外的機構，權限都在一定的範圍之內。所以日本型據點主義，終究無法逾越這些「容許範圍」而擴展成面。

但是，在進駐亞洲的中小企業或冒險企業當中，也有少數幾家是以獨創的構想打破日本型規格主義，以美好的能量獲得成功的企業。這些企業導出成功的獨自構想及哲學。

有「華僑」這個字眼，當然也就有「日僑」。在亞洲成功的幾個企業，的確具有

「日僑」的素質。

嚴格說起來，因爲不像華僑一樣有出生地及親族、血緣關係所結合而成的橫軸「地」和「血」的網路，所以要與華僑具有同等的位置還有一段距離。

但是，已經可以感覺到它的行動力及獨創力，與當地的同化性均已超過日本的一般企業，充滿能量。

這種「日僑」型企業，在亞洲各國已經嘗試過多次的失敗以及不斷的努力，終於也培養出獨自的技巧。而這種技巧，對於將目標對準亞洲的企業而言，都是寶貴的教訓，可以從中學習到很多經驗。

不，不只是以亞洲爲目標的企業。就是對構造不景氣、政治、經濟等都已僵硬化的組織和概念，逐漸毀壞的日本國內的企業來說，必須向這些「日僑」型企業的創造性及大膽構想學習的地方還很多。因爲其中也隱藏著能從目前閉塞不景氣狀況脫離的大膽構想轉換。

## ■在亞洲成功的企業

那麼，到底是何種企業發揮了「日僑」的力量而得到成功呢？具體的技巧又在哪裡呢？

在此爲各位介紹幾個成功的企業，並分析其成功的技巧。

### ◈以成爲亞洲的乾洗王爲目標
### ——石井屋乾洗連鎖店公司

#### ●在亞洲想要獲勝關鍵就在於人才

首先第一點就是進駐亞洲的企業，大企業與中小企業的型態大有不同。以大企業來說，資金力是不用說了，在人事面及組織面等方面與中小企業不同，擁有充分的餘裕。以三～四年為單位，派駐到當地分公司服務，然後就可以回國。

但是，中小企業就沒有像這種「大使館型」商業的餘裕。中小企業成敗的關鍵，在於能否培養出一位能與當地同化的職員。而這個成敗，就會呈現在商業的結果上。

也就是說，中小企業獲勝的關鍵就在於如何確保「在亞洲獲勝的人才」。這種說法絕不誇張。

依亞洲國別的不同，日本人從業員的人事費用一人份約等於當地從業員薪水的一百人份。對於沒有像大企業那樣有充分經費可運用的中小企業而言，能在當地從營業面到總務人事面擁有管理全體的能力，能與當地官廳及有力者交涉的能力，而且能在異文化中兼具「寬容心」的全能人才，同時還要具有強韌精神力的人才是必要的。

這樣的人才，在亞洲的商業展開是不可或缺的。

常被當成是日本企業進駐越南的成功例子，而且各公司的考察團到越南，也一定會去工廠和總公司參觀的點心廠商「壽」，受到當地代表W先生的影響就非常大。

這種全能型的行動力，在市場尚未開放，一切設備都還不完善的越南，能與排斥資本主義的官僚交涉的W先生的高明手腕，至今仍是進駐越南企業的職員們侃侃而談

在越南獲得成功的壽司工廠

的話題。

最近，這家「壽」點心廠在繼點心銷售成功之後，也在胡志明市海岸旁的海軍宿舍舊址的一等地興建豪華飯店。

像這種上好的地段，幾乎都是由華僑系企業等擁有，日本企業絕對無法得手。同時，這家公司也與軍部的情報部相關組織合併，成立保全公司。

一開始只是單純的以製造點心起步，最後竟跨足興建飯店，實在足以稱爲令人難以想像的成功故事。

這都是靠六年前赤手空拳遠渡越南，這個基礎地幾乎可說是他個人努力的成果。他也經常對周圍的人說：「我從東京出發時只買了單程票。」

中小企業能否確保像這種「在亞洲獲勝的人才」，可說是成功的關鍵。

那麼該如何確保「在亞洲獲勝的人才」呢?為了要解決這個難題，而利用獨特的構想而成功的企業，首推「石井屋乾洗連鎖店公司」。

「在亞洲開設乾洗連鎖店」這個構想本身就很獨特，而爲了使這個獨特的構想具體化，「首先就要先培養人才」而進行獨特的人才培養，這點可說是該公司成功的秘訣。

## ●在孟加拉培養當地同化型職員

石井屋乾洗連鎖店公司的總公司石井屋，是在神奈川縣藤澤市開設飲食連鎖店的中堅企業。本業是飲食業，與乾洗業幾乎完全扯不上關係。而這家石井屋之所以興起開乾洗店的念頭，是來自亞洲的留學生所給的建議。「在泰國或馬來西亞，乾洗店很少。即使把衣服送去乾洗，衣服還是會發黃，品質管理也不好。以日本的乾洗技術及周到的服務，如果在亞洲開設乾洗店的話一定會賺錢。」

當時正在摸索要展開新規事業的石井屋幹部風間豐（現爲石井屋乾洗連鎖店公司的總經理，四十二歲），向石井總經理提出在亞洲展開乾洗連鎖店的構想，而總經理也立刻做出決定。

對已經決定好的新規事業乾洗業而言，風間先生完全是外行，不知從何處著手。但是，從他以前在泰國經營日本料理店的經驗中，他認爲「乾洗的技巧，只要學習就能學會。但是，要培養出在亞洲能夠獲勝的人才才是最重要的，而這並不是輕易就能學會的」。

風間先生立刻透過高中時代的人脈，找出製造乾洗業用機器的廠商朝日製作所。而這家朝日製作所，在日本的乾洗業界正是以製造專用機械而聞名。

在這家廠商及大型乾洗連鎖店中，進行六個月的乾洗業技巧研修的風間先生，做出了正式進駐亞洲的FS（可行性調查＝事業化計畫）。

結果，他所選定的亞洲第一站，既非泰國也非馬來西亞，而是遙遠的孟加拉的達卡。

一九九二年十月，風間先生遠渡孟加拉，開始進行當地調查。之後的二年內，他完全沒有委託大型商社，而是親自到各地展開調查。

他在確信事業化計畫有十足的勝算之後，終於在一九九四年的二月，以資金一億日圓及當地從業員一五〇人的規模，成立了石井屋乾洗連鎖店公司。

由日本方面出資六十％，當地孟加拉方面出資四十％成立了合併企業，在達卡郊外建了二八〇坪的工廠。

風間先生爲何會選這個比越南的基本設備更差，而且不被視爲亞洲投資國的最貧窮國家孟加拉呢？

在這個選擇中，並不受到亞洲熱所影響，而是隱藏著風間先生獨特的重要亞洲經營戰略在其中。

風間先生是如此說明的：

「在亞洲要展開服務業，沒有什麼是比培養出能與當地同化的人才更重要的了。因爲服務業首重與當地人的接觸關係。所以除了在當地培養出能夠理解到這點的日本人的人才之外，別無他法。而泰國與馬來西亞的環境，在某種意義上與日本並無很大的差異。因此，若想要培養出能在亞洲戰勝的經理人才，我認爲以回教戒律森嚴，而

孟加拉工業大臣與風間先生

且又與日本的文化完全不同，基本設備又尚未完善的孟加拉來訓練最適合。」

而他又附帶說明了一點：

「如果在孟加拉能夠成功，我相信在泰國或馬來西亞也絕對可以成功。」

這與慌慌張張的參加考察團，認爲「千萬不能再錯過這波越南熱了」，但在事後又發現「基本設備未臻完善」而打退堂鼓之企業的負責人們，幾乎是完全相反的構想。

這種大逆轉的想法，對於想要眞正進駐亞洲的企業來說是必要的。只要有了這種想法及信念，即使身處異國，在亞洲遭遇多少的難題及麻煩，應該也能迎刃而解。

當然，風間總經理從一九九二年開始的調查期間中，他也遇到了很多的難題。首先遭遇到的便是水質的問題。乾洗業界最不能忽視的就是水質的好壞。與日本不同的是達卡的水質很差，濁度爲十四度、色度爲十二度。在這種狀態下，再怎麼洗衣服還是會發黃。雖然換過各種機械進行實驗，但還是不如理想。風間也跑過很多 家公司去詢訪，也用過各種機械測試過，但就是無法改善。

位於達卡市内主要街道上的石井屋乾洗店

「畢竟與日本不同，在孟加拉可能開不成乾洗店了」，他曾經有好幾次想放棄這個計畫了。

但是，平常就把「在亞洲致勝關鍵就是人才」這句話掛在嘴邊的風間，基於自己若因受挫放棄的話就無法達成培育人才的信念，因而不死心的嘗試各種機種，終於找到位於美國的某家中小廠商所製造的強力水質變換器，得以成功的變換水質。

風間一面解決其他堆積如山的難題，一面設立石井屋乾洗店公司，現在在達卡市內就有十九家連鎖店，在國民所得差距極大的孟加拉中，以「五%的富裕層」的貴族層爲主，一天處理二千五百～三千件的襯衫或夾克，非常的成功。

在戒律極嚴的回教社會，日本企業首次展開服務業，可謂是非常的困難，但這也是在亞洲展開連鎖店首次獲得成功的例子。

## ●將目標從孟加拉轉向泰國，五年後上市

在孟加拉獲得成功的風間先生，一如當初的目的，於一九九六年十月，終於也在泰國開設石井屋乾洗店——曼谷店。

在達卡開了19家聯營店

運用在孟加拉所習得的技巧進駐泰國。當然，也起用了在達卡一起打拚的日本人社員爲經理。

風間說：「在泰國開店比在孟加拉容易多了」。他在距曼谷南方八十公里處叫明布爾的鎮上設置約五百坪的工廠。預定在一九九六年中在曼谷市內開二十五家連鎖店。以襯衫及業務用制服爲主，營業額每個月估計有三千萬日圓。其中一般個人用占七十五％，日本企業或餐廳的業務用制服等占二十五％。

隨著中間層的擴大消費層漸趨成熟的曼谷，乾洗業是需求很大的服務業。此外，曼谷也有很多日本企業進駐，所以業務用夾克或制服等也十分需要乾洗業。

風間說：「今後，打算五年內在泰國的證券市場上市股票。也已經得到泰國銀行的協助。」日本的大型證券公司，在看到石井屋乾洗店的成功後，也決定全面支援石井屋的股票上市。

沒有依賴大型商社，全靠一己的智慧及努力而成功開發亞洲市場的風間，還決定與一起開創亞洲市場的朝日製作所一同在亞洲開發乾洗機械。這當然也需配合亞洲市場的特性，爲了實現「中品質、中價格」的目標而開發亞洲規格型的機械。

若與朝日製作所共同開發亞洲規格型機械，確保在亞洲的獨占販賣權，今後就能在越南、馬來西亞等亞洲各國展開乾洗連鎖店，風間在腦海裡描繪著這個偉大的構想。

風間並且嚴厲的指出「進駐亞洲最重要的是對事物要有積極的心。然而日本人最欠缺的就是到了最後仍不知覺悟」。

以成為亞洲乾洗大王為目標的石井屋乾洗店公司，有其獨特的構想與技巧，幾乎可說是將進駐亞洲所需學習的地方全都凝縮起來了。

## ◈在上海以建築顧問公司急速成長的
## ——上海友城建築裝飾有限公司——

### ●伴隨一窩蜂建築熱而來的工地意外

在世界的成長中心亞洲之中，上海的成長格外顯著，從世界各地而來的人力、物力、金錢全都湧進上海。

瞄準中國這個最大消費市場的大型百貨公司、便利商店等地都陸續在上海開店。而能夠將這個成長速度和能量以典型的方式表示出來的，就是上海一窩蜂的建築業。這種情景，只要從上海的高樓上俯瞰便可知曉。市區中有近半數以上都在興建大樓。

像這種處於建築尖峰的國家，當然確保當地的勞工及管理都成了重要的問題。尤其在亞洲各國，這種問題經常出現，而品質的問題方面也成了不容忽視的問題。來自日本進駐中國的企業一直在增加中，同時進駐企業的問題也急速增加。因為無法掌握實態，所以正確的數字也不得而知，但是確實有不少中小企業，因為與當地合併的企業產生摩擦而不得不撤退。

聽這些撤退企業的說法，大多是「被中國企業所騙」或者是「中國人靠不住」，大家都是滿臉憤慨的指出這些。

這種不信任感，使得相互溝通的阻礙更加擴大，如此一來，合併事業當然不會成功。

處於建築巔峰的上海，問題也很多

這不單只是中國企業的問題。因爲各種例子都有，所以不能一概而論，不過我想日本企業本身也有問題。

中國的建築情況，本身的信賴關係就不高，所以發包的日本企業與中國方面的建設公司之間，就產生了很多問題。如交貨的問題或預算的問題等等都有，而產生問題最多的大都是中國方面「偷工減料」所引起的。

最近，上海有最多外國企業聚集的商業街「虹橋經濟開發區」中，就發生了一則眞實的笑話。

某位投資家投下巨額資金在虹橋興建了一座三十五層的高科技大樓，而完工典禮是在大樓的中心樓層舉行的，有很多來自日本的老闆、關係者出席，場面非常盛大。

當天，不巧上海下了傾盆大雨。而正在舉行完工典禮慶祝完工的高科技大樓的天花板上卻開始漏水了。老闆一怒之下，中止了慶祝中的典禮，當然與建築業者對簿公堂的情形是免不了了。

這種事態在上海屢見不鮮。雖然每年的成長達到二位數，外國企業陸續進駐，辦公大樓的需要也急速增加，但隨著建築尖峰的到來，技術者不足、資材不足、勞工不足等情況下，勉強興建起來的建築，當然事故及紛爭就多。

## ●精通上海獨特的建築情況，對工地現場進行嚴格的管理

像上海這種獨特的建築情形中，最近較受人注意的是，由日本企業發包的建築工程會嚴格檢查中國方面是否有偷工減料，綜合進行工程管理的「上海友城建築裝飾有限公司」。

這家公司，是精通當地建築的顧問公司，負責監督由日本企業發包的在上海的建築工程，主要業務是嚴格監督現場的工程。此外，也進行工廠等建物的基本設計

在松江工業區嚴格檢查建築中工地的杉本先生

及實施設計、設計施工的管理、內裝設備工程、不動產的仲介、經紀人調查等等，成立「萬建築諮詢所」，被日本企業視為重寶，急速的成長。

上海的建築技術，據說是日本的七十%。而且，如前例所叙述的，偷工減料的工程占全體的五十%以上。例如，進行打地基等基礎工程時，在大家看不到的部分鋪水泥時，水泥的混合比率就減少很多，或者是廠商如果沒有指定資材時，就會使用較便宜的材料。又如廁所的隔間等，如果在設計階段沒有明確的指示，就會只做九十公分左右便交差了，如此一來，連旁邊的人都看得到。

像中國的這種建築情況，就必須經常在現場仔細檢查和管理，如果像日本這樣，採完全「委任」包商處理的狀態，完工之後一定會引起無法挽救的事故或麻煩。而他們本來就不像日本的建築公司那樣有監督整體的概念，因此，若有什麼麻煩發生，他們也都能若無其事的將責任轉嫁給承包商，完全沒有想要負責的意念。

這個問題即使以高於當地公司二、三倍的價錢發包給日本的大型建設公司，仍是無法解決。因為要檢查現場的每一個細節，實在是很困難。當然，如果發包給便宜的中國的建築公司，那偷工減料的工程更是無可避免。

因爲上海這種獨特的建築情況而頭痛不已的日本企業，認爲以與當地業者同樣的價位，卻能嚴格監督現場有無偸工減料的情形，而且從基本設計到實施設計、施工管理等，均能委託給它的上海友城建築裝飾有限公司，以「萬」建築顧問在短短的三年內急速成長。營業額在一九九四年是六千萬日圓，一九九五年爲三億日圓，一九九六年即可達五億日圓。似乎已經一步一步的接近上海夢想的完成。

## ●突然接到歸國命令，所以決定獨立

這家公司的代表杉本久雄（四十八歲），於一九七〇年畢業於日本大學建築學科，曾服務於中堅建設公司，後來轉到戶田建設。

往後的十六年，他都是擔任建築工地的負責人，幾乎可說是在工地上班的上班族。

杉本在一九八八年突然接到到上海工作的指令，當時杉本剛好四十歲。被這突如其來的派令感到迷惘，初次到中國的杉本，經過二年的調查、準備期間，終於在一九九〇年，以日本大型建設公司首次與中國合作的「上海戶田」的總經理身分來到中國。

半年來，在上海同濟大學學習中文的杉本，身處於與日本的工作環境完全不同的上海，雖然很辛苦，但他還是融入了中國的社會。

習慣了與現場幾乎沒有關係的秘書之間的討論，身為總經理的他，帶領著七個中國職員，為了取得許可而奔走於上海的政府機關及銀行之間。

關於這些體驗，杉本說：「雖然很辛苦，但處於一個與以往完全不同的新的工作環境中，慢慢感到得心應手。同時對於以往不曾察覺到的新的自我能力感到很有自信。」對自己很有自信的杉本，對上海的建築業界非常精通，對現場情況，不論內外都很清楚，同時他也深深感覺到在日本所學到的建築技術能實際發揮作用。

杉本說：「在這裡感受不到二十幾年來在日本大企業所經驗到的組織主義，而是一種很有活力的充實感。」

而杉本在上海的生活出現轉機，是在一九九三年突然接到調回日本的命令時。好不容易才熟悉的上海生活，如今卻又將調回日本的總公司。而且回國後的職務，是無法發揮經驗，必須回到現場的工作。

與秘書取得協調的杉本先生

當時的建築業界，受泡沫經濟瓦解的影響，正值不景氣當中。公司內也刮起了裁員風。以年資慢慢晉昇、終身雇用等日本型經營也日漸不穩定的日本，杉本在那當時突然感到一抹不安。

而公司的職位與自己的生活意義產生矛盾時，他非常的迷惘，幾經思考之後，他決定遞出辭呈，想去摸索出一條獨立的路來。

後來，只不過才三年的時間，杉本就已經成功的推動了近一百件的大小計畫，與他在上海戶田時代即有深交的上海最大住宅公團「上海市住宅建設總公司」的李總裁，一起帶領四十名職員（二位日本人）開始營業。

在據說「人人都是一條龍」的上海，日本型的規格主義及價值觀並不適用。在這裡連政府機關都不像日本那樣是可以信賴的，大企業的看板也不適用。以日本大型建設公司上海分公司負責人的身分初次到上海的杉本，在辛苦之餘也開發出獨自的人脈及現場的技巧，這些都是杉本的財產，是他的努力所結的果。

杉本經常在公開場合說：「我現在正青春呢！」亞洲是他發現另一個人生的地方。

## ◈在泰國展開家庭式餐廳。股票在一九九七年上市的

## ——大道門集團——

### ●以泰國人為對象研究味道

曼谷，現在可說是世界「流通激戰地」。來自各國的流通業紛紛進駐，戰況激烈。這幾年來，隨著平均所得的提升，中間層也慢慢擴大，以曼谷為主的泰國一躍而

成一大消費國。

當然，外食產業也急速成長。來自美國的漢堡連鎖店、披薩連鎖店及連鎖餐廳等紛紛進駐，與華僑系餐廳展開一場激烈的競爭。

從日本也來了各種餐廳業及日本料理店進駐，但新陳代謝的循環非常快速，去年才開的店今年就已撤退了，像這種事件常常有。這也可以實際證明生存競爭的激烈。

泰國原本就以習慣外食而聞名。像國內一家聚在一起用餐的情形並不多見。因此，在曼谷的街上，從早到晚處處都可看到小吃攤。

前面提到過，光住在泰國曼谷的日本人就有三萬人。企業也有一千家進駐在此，因此餐飲業會有光做這些人的生意就足以賺錢了的想法，會打這種如意算盤也是無可厚非之事。於是展開了以日本人爲主，部分當地人爲輔的戰略。

但是，這就如先前所提到過的，是日本人經營者容易陷入的典型失敗例之一。

打破了日本人的這種如意算盤，福田千城（五十一歲）在泰國全國開設以燒肉爲主的家庭式餐廳的「大道門」集團，並獲得很大的成功。

一九九六年在泰國全國已經擁有七十家以上的連鎖店，年營業額也提升到八億銖

在大道門總公司參加研修的情景

（約三十六億日圓）。從業員有職員一千五百名、計時人員三百名，股票也於一九九七年在泰國股市公開。

這是日本人的企業首次在泰國締造的佳績。

大道門集團的常客有九十五％以上是泰國人。菜單是以燒肉爲主，另外還有炸蝦蓋飯、排骨蓋飯、咖哩飯、壽司等，而且還有泰國料理，可說是混合日本與泰國口味的家庭式餐廳。而且，在調味上也是針對泰國人的嗜好微妙研究出來的獨特口味，這與日本的餐廳大不相同。

福田說：「大道門在開張之時，好幾次都是泰國人來試吃，針對泰國人的喜好進行分析研究所得到的成果。」這裡甚至還備有「泰國人用」的味噌湯。

福田一開始就不是針對在曼谷的日本人，而是以漸漸富裕的當地泰人的消費者層爲市場，這也是他致勝的要因。

## ●看到客滿的國內班機，令人敏感的感受到泰國消費經濟的變化

曼谷的經濟指數，每一位泰人的GDP＝二一三八美元，據說實質上是六千美元到七千美元。因曼谷經濟的急速成長，外食產業也不斷擴大，剛好趕上這波潮流，當然也是它成功的因素。

但是，另外還有使大道門驚人成長的原因。那就是福田以其迅速的判斷和行動力進駐到地方都市。

這也是使大道門成爲泰國全國人人皆知的企業的第二成功要因。

曼谷經濟，在實質個人GDP已成長到七千美元的泰國，慢慢已經開始引起人口輪胎化的現象。人口從曼谷市移到郊外，同時地方都市的經濟力也提高了。

一九九二年時，福田爲購買商品而到泰國某個地方都市去出差。當時來自曼谷

的班機幾乎都客滿了。而這些人的表情，與二十幾年前福田初到泰國來時相比，感覺上已豐富許多。

這時福田突然靈機一動。「人口開始流到郊外，這表示與這裡的所得層應該都在郊外都市。這正是最適合開設家庭式餐廳的市場」。

回到曼谷的福田，趕緊著手準備，幾個月後，在當時幾乎完全還沒有外國企業進駐的曼谷近郊都市開設了大道門餐廳，當然是在覺悟到在物流上的高危機之下進駐的。

結果竟然大獲成功。以泰國人喜好的味道來調味，而且是以泰國的中間層也能付得起的便宜價位來開店。所以一開始便都一直是高朋滿座的狀態。

有了這個成果，福田便積極展開郊外型店鋪。到一九九五年是十六家，一九九六年是二十家，新開張的店有七～八成都是郊外型店鋪。

這種郊外型店的成功，成了大道門一股躍進的原動力。

能在瞬間掌握當地泰國人的消費經濟及人口流動的福田，他所具有的不輸給華僑的直覺和行動力，可說是與日本人不同的感性所產生的。

客人中有95%爲泰國人

針對泰國人的口味來調味而成功的大道門

福田因這種郊外型店的成功，打算與同業的三家連鎖餐廳共同設立物流公司。將各公司所擁有的配車能力利用到最大限度，希望能彌補因物流而感到不便的泰國地方都市。

由於這些新規物流社會的設立，甚至可以擴大範圍到寮國、緬甸、柬埔寨等鄰近國家，進口便宜的原材料，進行對泰國的消費市場有貢獻的偉大計畫。

## ●不願到大型貨運公司就職而遠渡泰國

心思細密，有張溫和臉孔的大道門集團的董事長福田，就像我們平常所接觸的非常普通的日本生意人的樣子。但是，他頭腦裡的生意經卻與普通的日本人稍有不同。

對福田來說，人生的分歧點是在大學二年級的時候。一九六六年，遠渡海外尚未成自由化，當時就讀於上智大學法學部二年級的福田，身上僅帶著五百美元，從神戶港搭乘小貨客船便向亞洲出發。三個月內他旅行過菲律賓、新加坡、馬來西亞、泰國等國家。

大道門新店開張時的紀念照

1994年與當地的啤酒公司等6家公司進行 JV 的發表會

當時，接觸到虔誠的佛教國——泰國的獨特文化，受到文化衝擊的福田，對當時所遇到的日本留學僧說：「我大學畢業後想到泰國工作。到時請您幫我介紹工作。」他以單純的心情向對方懇求，然後就回日本了。

當時，在福田的腦海中，不單只是對亞洲懷有憧憬而已，在他的腦海中已經勾勒出具體的人生計畫，明確的夢想已經產生。

福田這種不受周遭的雜念所左右的率直感，自然的導引著他的人生。回國後在大學即將畢業之前，曾到日本少數的幾家泰國企業拜訪，希望能給他一份工作，但都遭到拒絕。於是他暫時打消了這個念頭，決定到大型貨運公司就職。

就在進入公司的第二天，日本留學僧打電話來說要介紹他到泰國的一家小雜貨商工作。

「你願意辭掉日本最大的貨運公司的工作到泰國來嗎？」對於這個問題，福田對自己做出了最眞實的回答。

在泰國的主要工作，是與日本老闆及幾位職員一起向泰國的華僑購買雜貨，然後輸出到日本。

在福田的事務所中掛著許多與他交情頗深的名人的合照

雖然工作非常嚴格，而且身處在異國文化中很辛苦，但這些都比不上他對工作的興趣，好奇心旺盛的他，就在這裡度過了既滿意又充實的六年。

在這段期間，他與客戶日本企業的女兒結婚，二十九歲時便獨立了。設立了以承接位於曼谷的某日本建設公司的發包業務爲主的公司。

對於不喜歡侷限在既定範圍內的福田而言，在異國能夠獨立，這還不算在冒險的範圍之內。

在曼谷，將工人聚集起來，然後派遣到日本的建設公司的現場工作，這份工作持續了十年。當這家公司在泰國所賺的爲泰國平均所得的三倍以上時，也就是他四十歲時，第二個轉機到來了。

「若以進駐在泰國的日本企業爲對象做生意的話，或許也可以賺錢。但畢竟有其界限存在。若眞的想在泰國展開事業，還是應該以泰國人爲買賣的對象才對。」

曼谷的華僑，全都不是只以泰國爲對象，而是活躍在亞洲的舞台上。所以若只以日本人爲對象進行買賣的話，未免顯得太沒有遠見了。

一心嚮往海外而飛出日本的自己，是否有從日本人的習性中跳脫出來呢？對自己也感到懷疑的福田，再度開始從零的挑戰。

到泰國已經有十六年的福田，終於跳脫了日本人的殼，開設大道門的第一家店，開始邁向成功之路。

大道門到二千年時，預定要達到三百家店的目標，並決定在一九九七年進駐上海，將來，也以登陸日本市場爲目標。

「日本人有不評價個人，只注重名牌的趨向。而華僑及猶太人則較注重個人的成功，所以能與同業的其他公司進行協調。華僑一個人就具有對抗一百個人的日本集團的力量」，福田的這番話，眞是最適合稱爲「日僑」的人物。

## ◆在亞洲投資不動產並得到成功的企業
## ——越南長谷部建設——

### ●先下手為強。最先在越南投資不動產並獲得成功

中國經常被稱爲「人治國家」。這與日本及歐美不同，雖有法律，卻又不照著法律來進行。即使有偉大的法律條文，但若不能發揮功能的話也是枉然。因爲裁判的正當性及遵守法律施行的「司法法」並不存在。

這種情形並不只是中國才有，就是軍事政權的緬甸或共產國家越南也大多如此。越南在刷新政策之下開放市場也只不過才十年。而刷新政策也在不斷的嘗試錯誤中進步，可說「邊走邊想」的狀態，而法律和制度也這樣一路演變過來。昨天才頒定的條例或政令，今天就撤回了，這樣的情形屢見不鮮。

而成爲來自海外的投資窗口的SCCI（投資委員會）的見解，也常與胡志明市或河內的公家機關不同，這也是家常便飯。像土地的評價額等的計算公式，在每次交

涉時就會決定，這樣的例子也層出不窮。

這是因爲越南在推進刷新政策時，尙不能夠習慣市場主義經濟，因此各窗口之間也還沒有達成統一見解所致。

對進駐企業而言，這是非常麻煩的問題，但是，如果能善加利用這種越南式的計算方式，在交涉時或許能成爲有利的條件。

如果以日本制度爲基準，認爲「公家機關是這麼說的啊！」或者是「法律明明是這樣規定的」，那你也許只會感到失望及疲勞而已。

在理解越南的情況後能否採取柔性的對應，可說是重要的關鍵所在。因此，在與政府機關交涉時，一定要有很強的忍耐力，不要動怒，而且還要能指出矛盾所在的頑強交涉才行。

在這種制度及條例說變就變的國家，先下手爲強就成了勝負的一大要素。

經常聽人說中小企業先行進駐越南較能獲得成功，因爲華僑系企業的進駐，最醒目的就是以能夠速戰速決的企業較能找到商機。

不管是華僑系企業或韓國系企業，都是由老闆親臨現場視察，在當場便決定好計畫。在戰況變化非常迅速的越南，能夠馬上決定策略的中小企業，比必須要與本國決算，需浪費較多時間的大企業更能掌握先機。

在越南的河內，日本企業首次與當地企業設立合併企業，並眞正投入不動產而獲得成功的長谷部建設，就可說是這種速戰速決的模範企業。

從首都河內的中心往西北開車約十五分鐘，就可看到河內最美的湖——西湖。

在河內有最好地段之稱的湖岸一帶，有一條稱爲花城的高級住宅街。一三六平方公尺的低層住宅有三十二戶，一〇五～一四〇平方公尺的樓中樓租賃物件十八戶，還有九層樓的商業塔、專用游泳池、網球場、專用餐廳，令人不禁想起法國南方渡假勝地的豪華。

這是由長谷部建設與當地的合併公司可可國際公司於一九九二年開發的，是越南第一條的外國人專用高級住宅街。

租金大約每個月要四十五萬日圓，對平均所得每個月只有八千日圓的越南人來說，實在是非常昂貴。但是，飯店及租屋情況都比胡志明市差一大截的河內，對駐在員來說，這個價位絕對不貴。

這裡幾乎已被外國企業的駐在員及各國大使館的人員住滿了，平常幾十間的空房也經常被預約，非常受人歡迎。

況且，全都是靠口碑相傳打起知名度的。

這座花城，總投資額爲十三億日圓，爲當時河內最大的投資，當然也是與日本合併的第一件案子。

土地所有者河內市公園管理公司，將土地的評價額當成資金的三十%，而長谷部建設則出七十%的資金，成立了合併公司可可國際公司。

土地使用費一平方公尺才十八美元，非常便宜。契約期間爲三十年，但附帶條件是三十年後需百分之百的歸還給越南。

進駐的經緯，可說是中小企業的決斷與實行的範本。當時，在西湖一帶，已經有日本的大型建設公司看上這裡，也已經向河內公園管理公司提出申請。

但是，大型建設公司必須還要等總公司決算做出決議，在這段期間內，長谷部社長立即做出決定，不顧公司幹部的反對，長谷部社長自行籌措資金，直接與河內市交涉，以支付現金的方式而成功的達成合併企業。

位於西湖旁的花城。是外國人專用的高級住宅

低層住宅也立刻被外國企業的駐在員或大使館員住滿

對當時的河內市來說，中小企業與大企業並沒什麼差距。他們想要的投資方式，只要是越南認為必要的業種，則不管是中小企業或大企業都沒有問題。

後來，長谷部建設也在蒙古的庫倫買下擁有二一〇間房間的最大國營飯店，經全面裝潢整修之後，重新以花飯店開張。積極在亞洲投資的長谷部社長，指出要在亞洲投資的秘訣如下：

•日本的銀行對於進駐亞洲的企業過於消極，不給予融資。因此不要依賴銀行，儘量自己去籌措資金較好。

•先下手為強是原則。只要有六十%的可能性，就要當機立斷、勇敢下注。

這座花城的成功，正是長谷部社長實踐他的亞洲投資哲學的結果。

## ●以極有耐力的交涉以進駐企業的身分首次送錢到日本

長谷部建設在事業上的成功雖然很引人注意，但還有一點是值得一提的，那就是它將一九九四年決算所出現的紅利，以進駐企業的名義首次送錢到日本。

雖然法律上有明文規定，要將錢從越南送到日本，但在以往這是不可能的。事實上，送錢到日本的企業至目前爲止連一家也沒有。一般都是將在越南所得的紅利再投資在越南。

但是，一九九四年十二月在決算中出現紅利的長谷部建設，當地的負責人N先生想把錢匯回日本，於是去找稅務署商量，但遲遲沒有得到回答，雖然也找顧問會計師談過，但得到的答案還是不可能。

「我不能就此放棄」，N於是很有耐心的開始交涉事宜。他有好幾次都親自到稅務署、SCCI或河內市政府進行交涉。但是各個窗口的見解都不一樣。

光是與會計師之間的討論就花了一個星期，他有好幾次都理直氣壯的對會計師說：「在法律上不是沒有問題嗎？」

終於在四十天後，SCCI答應了他的要求。而稅務署方面也以「既然SCCI都已答應了」而勉強答應他匯錢回日本，而匯費也只抽五%。

在越南，這種死纏爛打的交涉非常重要。想要與越南人一較長短，首先就要有堅強的耐力。

當錢匯到日本時，日本方面的銀行還感到很懷疑，「眞的可以接受嗎？」

長谷部社長就是以「在過於成熟的資本主義市場沒有商機。只有在搖籃期的資本主義市場才有中小企業的商機」這種信念在亞洲奮鬥。

而越南可說是從共產主義轉型到市場主義的「搖籃期的資本主義市場」。在這裡充滿著只要有六十％的可能性，就值得孤注一擲的商機！

## ——菲律賓・佐佐木不動產——

### ●搖身一變而為投資國的菲律賓

一九九六年十一月，ＡＰＥＣ在菲律賓展開。會場位於蘇比克自由貿易特區，四年前這裡仍然是美國海軍的廣大基地。

這個特區的面積，約等於一個新加坡，有六萬公頃。

現在，蘇比克自由貿易特區中有台灣的四十家公司、來自日本的五家公司，以及來自各國的企業，總共有二二〇家進駐，總投資額超過十六億六千萬美元以上。開發聽的長官哥登就說：「目標是香港，將來將成爲亞洲經濟的重要據點。」

包括蘇比克在內，日本的企業最近才開始認識到菲律賓是個「投資國」。以往的日本企業，對菲律賓的印象並不好。

以「安全大國・日本」爲主，各國對菲律賓的評價竟然都相同，大都是考慮到菲律賓的「治安問題」。

日本將菲律賓的印象是「菲律賓＝犯罪大國」。投資家或企業家們，都把這個國家視爲「危險的國家」而不把它當成投資對象國。

的確，三井物產少東的綁架事件，至今仍令許多人記憶猶新。而後來的大型都市銀行的巨額盜領事件中的嫌犯也在馬尼拉被捕，最近，還有大阪的醫院理事長保險金詐領事件或連續殺人犯也都逃往馬尼拉等，與日本人有關的犯罪，都是在菲律賓發生的。

但是，這些犯罪中的大部分，都是由日本人帶到菲律賓去的，因此，由菲律賓人發動攻擊而將日本人捲入犯罪事件之中的，也只有少東事件而已。

而其他的犯罪事件，則大多是日本人爲了保護自己的利益，收買貧窮的菲律賓警察所幹下的罪行。既是如此，又怎能批判菲律賓的治安狀態呢？

菲律賓的外相西雅松曾說：「我國的國民性是親切且寬容心強。所以對於傷害到我國名譽之事，我感到非常的不愉快。」

自己讓犯罪者大舉進駐該國，卻又把該國視爲是「犯罪大國」，這實在是很可笑的事情。這畢竟只是以「安全大國・日本」爲主，單方面所給予的評價而已。

如果冷靜地來分析菲律賓，自羅慕斯政權以來，投資環境的確提升了不少。政情也穩定下來，艾奎諾政權時代的政變未遂事件主謀者，霍山上校也成爲參議院議員。

一九九三年十一月，政府也和反政府的回教勢力達成停戰協議，關於民答那峨問題方面，政府也和摩洛解放戰線訂立和平協定。政府的懷柔政策已經逐漸成功。

此外，菲律賓最爲人詬病的，就是「停電」的供電問題，也因一九九〇年的BOT法奏效而大致解除一天十小時以上的停電狀況。在一九九四年又頒布了新BOT法，使得基本設備更趨完善。BOT指的是僅限於基本設備的成套設備輸出；資金籌措、設備營運、管理全都由企業進行，一定期間後再賣給政府。

關於外資法方面，也於一九九二年廢掉追加進口稅，一九九二年九月則緩和了對出口企業的外匯限制，一九九三年七月則延長了外國人的借地期間，而一九九四年依外國投資法的修正，將不伴隨生產活動的進口、零售業，以及以往限制的業種，均能夠以一〇〇％外資的方式投資的企業設立。

由於羅慕斯政權的積極導入外資政策，使得一九九四年的GDP成長率為四．三％，一九九六年的GNP為七．七％，締造了高成長記錄。而這六年來的高成長，已大幅超過當初預測的六．五％。

由這些狀況來看，菲律賓已從大家所畏懼的「犯罪大國」，搖身一變為十分具有魅力的投資對象國。事實上，從一九九四年開始，含富士通、富士電機、東芝等大型廠商在內的多數日本企業在內，都已經陸續進駐菲律賓。

## ●得到大實業家的信賴而得以在飯店開發上飛躍的成功

在菲律賓最近備受矚目的，當屬年輕的不動產開發業者佐佐木不動產開發的董事佐佐木照信（三十六歲）了。

佐佐木在馬尼拉近郊的住宅街卡比提地區，興建了二十二戶適合日本人的連同土地的獨幢住宅「皇家、王子、綜合式住宅」，同時也在馬尼拉中心的耶爾米答的喬治．波克波街開發、販賣屋頂上有直昇機停機坪的二十八層，含住宅及辦公室的「皇家．王子大飯店」。

關於佐佐木著手興建「皇家．王子大飯店」和「皇家．王子綜合式住宅」的始末，當媒體介紹這些計畫的同時，也指出「他的成功絕非戲劇性的，然而，卻有值得聆聽的經驗」。

佐佐木與菲律賓最初的接觸，可追溯到一九八五年。當時，他是被所服務的中堅建築公司D公司派到菲律賓的馬尼拉當分公司的負責人。

赴命後，每天都忙於處理各種計畫的佐佐木，於一九八九年與當時的秘書菲律賓女性結婚。

平常就感覺到總公司的營業方針與自己所希望的方針格格不入的佐佐木，終於在一九九〇年辭職，獨立出來。

透過他在菲律賓所經營的人脈籌措資金，以一千五百萬日圓的資金成立了佐佐木不動產開發株式會社。

在馬尼拉近郊由佐佐木不動產所開發的專爲
日本人設計的住宅完成圖

「我成長在澀谷一個貧窮的單親家庭。在貧窮的環境中，因支付不出學費而不得不在大學中輟學。我想是這些體驗讓我變得更獨立、更堅強。而這種原動力使我在看到菲律賓的窮人時產生了共鳴。」這是佐佐木對自己的分析。

獨立後的工作，是以不動產的仲介爲主，幾乎都是有關土地方面的工作。三年後，他接到了一封使他方向大轉的信。

那是一封來自當地律師的內容證明書。是馬尼拉的飯店大王，已故的艾拉爾·亞基那爾德的律師寄給佐佐木的遺書。

遺書的內容是說要將亞基那爾德所擁有的土地，全都交給佐佐木來開發。

當佐佐木還在中堅建築公司擔任負責人的時代，他所負責的日本與菲律賓的共同大型開發計畫，因日本方面的出資者，以擔心在菲律賓鄉村投資的危機而匆促喊停。當時，身爲分公司負責人的佐佐木，深感應對此事負責，所以很有誠意的向原本要成爲這個計畫的夥伴實業家進行個人賠償。

而當時的實業家正是亞基那爾德。當時只不過才三十歲左右的佐佐木，卻充滿誠意的處理此事，因而深得亞基那爾德的信賴，所以才會在遺書中交代要將土地開發的事宜全交由他處理。

當時，佐佐木仍半信半疑，但經多次向律師確認，而且與他的親人商談之後，佐佐木才決定接受亞基那爾德的遺志。在一九九三年展開「皇家・王子大飯店」的計畫，一九九五年開始販賣。

菲律賓的不動產買賣方法，是先決定物件的計畫，等設計圖完成時即可開始銷售。因爲銷售這個計畫而得到資金的佐佐木，除了在同時展開適合日本人居住的住宅計畫之外，也開始進行鄉村俱樂部的計畫。

以馬尼拉郊的卡比提地區爲中心，希望能興建如歐洲街道的那種感覺。此外，今後在馬尼拉也將藉著共同事業開發辦公大樓。

在獨立的當時，腳踏實地的進行不動產仲介的佐佐木不動產開發，以「皇家・王子大飯店」的開發爲轉機、業績如日中天般的飛躍成長。

「他人所託之事，直到最後都要完成，這是信賴的基礎。這種信賴關係不論在日本或菲律賓都不會改變。不，一旦得到信賴，信賴的深度，菲律賓甚至比日本更深。」佐佐木彷彿是在對著自己說。

這個經驗值得大家側耳傾聽。

人類的信賴關係，在菲律賓也一樣有。但是，如果不能捨棄以日本爲主的主義，絕對無法建立起這種信賴關係。

# 第五章

# 看清亞洲經濟情勢與將來性

## ■仔細觀察亞洲的現狀，投資法也有微妙的不同

### ●政治、經濟環境、價值觀、消費動向……檢查項目極多

在亞洲若要使與當地同化的事業導向成功，還是必須牢牢的掌握住該國的現實狀況及將來。政治狀況、經濟環境、衆人的生活型態、消費行動、現在市場所沒有的商品、服務、衆人的價值觀……要從各種觀點廣泛的去探討。與日本不同，因有宗教觀所產生的生活風俗習慣方面的微妙差異，這點也不容忽視。

像中國和越南那種社會主義國，官僚制度是根深蒂固，因此，必須謀求有效的交涉法。

在此，特別簡單介紹一下今後也將在亞洲市場中特別受到注意的中國、馬來西亞、泰國、越南、印尼、菲律賓、印度等國的經濟狀況的現狀，以及他們的投資系統等。

## ●投資熱潮持續不減的中國

有人預測，到了二〇〇二年，含中國和香港、台灣在內的中華經濟圈，必超越美國成爲世界第一，將成爲超大國化的中國經濟，在每天報紙的國際經濟版上，一定會有日本企業進駐中國的相關報導，可見中國投資熱仍持續著。

中國經濟在一九九二年、一九九三年連續二年都達到十三%的高成長，九四年以後採取緊縮政策，聲勢稍有衰退，但仍然是保持高水準。來自日本的直接投資，在一九九二年度增加爲八四・七%，九三年度增加爲五八・一%，九四年度則爲五一・七%，業種則以電器、機械、纖維等製造業範疇的投資較醒目。此外，物流相關事業、百貨店等第三次產業的加入也很引人注意。

以投資的地區來看，以大連爲主的地區約占三十%，以上海爲主的長江三角洲地區爲三十%，以廣東爲主的廣東省、福建省地區爲二十%，然後是北京、天津等的河北地區。以進駐的業種、規模來比較的話，大連是以出口用的生產據點，上海則大多以國內市場爲目標。

接踵而至的海外直接投資，使得沿岸地區的各個都市，生活日益豐裕，但與內陸地區的差異卻逐漸擴大。在沿岸都市，個人GDP爲內陸地區的二倍，改善地區間的差異，將是中國經濟今後的一大課題。

在「一年一變、三年一大變」的口號之下，走在中國市場經濟尖端的上海，到處都可見到身穿名牌、手拿大哥大的人。到了星期假日，爲了到三國誌主題公園的人，把上海車站擠得水洩不通，富裕的市民生活已是非常普遍了。但在另一方面，在地方都市之中，農民的生活卻彷彿停留在悠久的歷史中。上海的勞動者之中也有明暗之比，能夠悠閒的享受休閒之樂，在持續上漲的物價聲中，對因國有企業的停工而受苦的勞工而言，彷佛是遙不可及之事。

今後，在中國的投資，到底哪些業種是被需求的呢?當然纖維、服飾、電子零件等勞動集約型產業仍然持續有希望，但今後，關於技術集約型產業也將會有很大的需要。以地區而言，沿岸地區的發展仍將是主流，但中國內陸地區也將大有可爲。

趁香港歸還中國之前，於一九九六年九月開業的從北京到香港、九龍的京九鐵路，預計將對內陸地區的開發帶來極大的影響。在北京、香港的中間地點稍往南下的江西省省會南昌，目前也正在籌劃經濟技術開發區，據說鐵路帶來的經濟效果將達二兆日圓。當然目前仍以香港的資本為主，但今後的動向卻值得注意。

中國投資之實務手續的流程是，如果是合併事業的話，則必須與中國方面的合夥人進行預備交涉，向中國的省、市人民政府和企業主管部門提出合併計畫提案。然後需等到政府的許可之後，才能眞正進行合併事業的交涉。在中國要進行事業，卓越的交涉力和忍耐力是絕對必要的。在中國所說的交涉，是依「談判」「交涉」「協商」「商量」等交涉的階段而不同，以及與對手的關係內容來分別使用，對方是以何種心態來與你談判，這也會產生影響。

「協商」是互相商量，「談判」則是在利害關係不同的立場下進行交涉，而「交涉」的語意即是普通的交涉，「商量」則是在良好的關係下協商的意思。

話題似乎扯遠了，總之，在中國有幾項針對外資系企業的所得稅減免或減輕等稅制上的優惠措施。例如：經濟特區的外資系企業或經濟技術開發區的生產型企業等都可減輕十五%的所得稅。

另外，雖然在合併企業法中投資業種的限制及禁止業種仍然存在，但隨時都有

## 到中國投資的核准申請手續（外資事業）

由外資企業向企業主管部門及核准機關提出計畫

↓

向企業主管部門和核准機關提出企業定款的報告

↓

向核准機關提出企業核准書的申請

發給核准證書

↓

向工商行政管理總局辦理登記手續

↓

在中國的銀行開設帳户，完成納稅登記

## 到中國投資的核准申請手續（合併、合作事業）

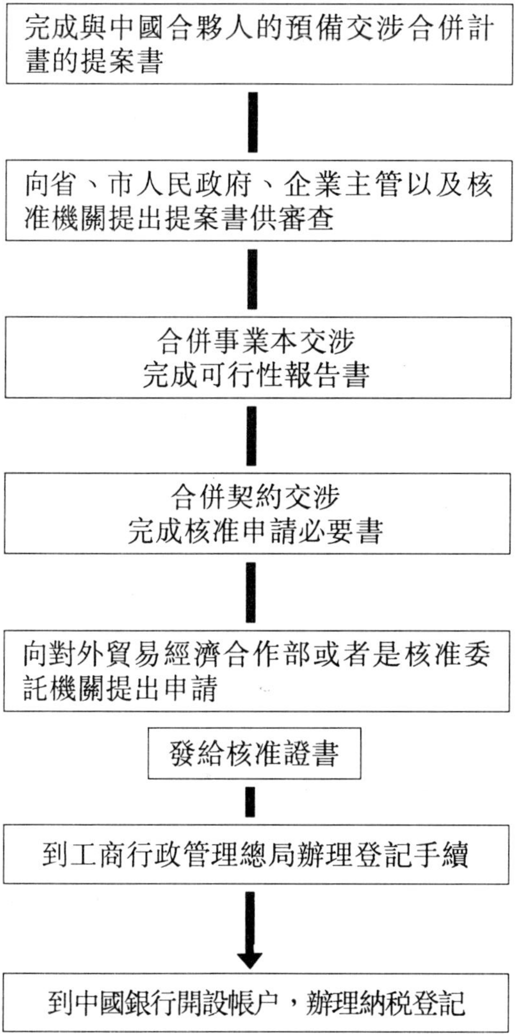

# 中國基本資料

| | |
|---|---|
| 面積 | 960萬km² |
| 人口 | 12億1,121萬人 |
| 首都 | 北京 |
| 主要都市 | 上海、天津、廣州、重慶、瀋陽、武漢、西安、大連、成都等 |
| 人種 | 漢民族(占全體的 92%)及55種的少數民族 |
| 言語 | 漢語 |
| 宗教 | 佛教、回教、基督教等 |
| 政治體制 | 人民民主共和制 |
| 元首 | 江澤民國家主席 |
| 議會 | 全國人民代表大會 |
| 政府 | 總理李鵬 |
| 主要產業 | 農業、能源產業、鋼鐵、纖維、食品等 |
| GDP | 約7,000億美元(1995年) |
| 個人GDP | 530美元(1994年) |
| 經濟成長率 | 9.6%(1996年估計) |
| 物價上升率 | 14.8%(1995年) |
| 貿易額、對象國(1995年) | 出口 1,487.7億美元 香港、日本、美國、EU<br>進口 1,320.8億美元 日本、EU、美國、台灣 |
| 主要貿易項目 | 出口 纖維、纖維製品、機械電器製品、石油、石油製品、纖維原料<br>進口 工業用機械、鋼鐵、汽車、通信機器 |
| 流通貨幣、匯率 | 人民幣 1人民幣=13.8日圓(1996年11月) |
| 僑居人數 | 16,592人 |

可能放寬。像最近，對國內航空業界的投資就已經解禁了，而關於機場建設的合併事業也已經得到認可。以往被認爲是在國家事業範疇內的事業，也都陸續的敞開門戶了。

## ●迎向第二波投資熱的泰國

在亞洲，經濟成長率僅次於中國、新加坡的泰國，自一九八八年到一九九〇年爲止的實質GDP成長率，以日圓升值爲背景，來自海外的直接投資超過十%以上，急速的成長速度，是前所未有的，現在仍持續有八%的著實成長率。

關於一九九六年的估計，國家經濟社會開發廳（NESDB）的估計爲八．五%，而中央銀行爲八．三%，因金融緊縮政策的影響，比前年稍低，但依然是維持很高的成長率。

成長率高，物價就比較穩定，據NESDB的估計，一九九六年的物價上漲率爲五．二%，比前年稍微降低一些。

隨著經濟的成長，泰國也逐漸轉變成消費社會，尤其以曼谷等大都市的年輕人，生活型態已與日本沒什麼兩樣。女性也逐漸追著流行跑，到了週末，大家也都喜歡到郊外型的餐廳打打牙祭。此外，買車、買房子，也都成了生活享受的一部分。

然而在另一方面，隨著經濟的急速成長，也造成所得差距的擴大、地方開發、基本設備、環境保全以及人才培育等堆積如山的課題。如果開著顯眼的賓士等外國高級車到曼谷以外的農村地帶走走，就會發現那裡還留意許多尚未解決的貧困問題。另外，常被用來指出泰國社會基礎不完善的顯著例子，就是聞名全球的曼谷的交通阻塞問題。上班時間，時速只有三～四公里，走路都還比開車快。

對於這種種的問題，泰國政府已經撥了一百億美元的預算，進行幹線道路的擴張，重新鋪設鐵路、新設高架鐵道等工程。一九九六年的八月和九月，國王對內閣發出有關交通阻塞問題對策的直接指示，這是值得注意的一點。

另外，關於日本對泰國的投資狀況，一九八九年到九〇年爲巔峰期，後來已有減少的傾向，但在一九九四年又再度增加。範圍包括食品、機械、電器、纖維、建設、商業等各種業種在內，尤其以對製造業部門的投資擴大較爲醒目。

在規模方面，不只大企業有增加，連資本規模較小的中小企業的投資也增加了。最近，日系汽車廠商以泰國爲據點，以生產亞洲各國規格的「亞洲車」爲主，這也是值得注意的一點。

ＢＯＩ（The Board of Investment＝泰國投資委員會）是各國對泰國投資時的窗口。爲了促進對泰國國內的投資，ＢＯＩ就握有獎勵投資權限，是屬於政府的關係機構，基於「一九九七年投資獎勵法」，就頒布了很多政策。

ＢＯＩ獎勵的事業有對泰國的產業、技術的提升有貢獻的事業、使用國內原材料的事業、能取得外幣的事業、對基本建設的發展有貢獻的事業、對地方的經濟發展有貢獻的事業、能保存天然資源對解決環境問題有貢獻的事業等等。能符合這些獎勵法的新規事業，也能得到一些優惠措施。

例如，禁止設立會與該企業產生競爭的國營企業、禁止類似商品由國營獨占企業來販賣等對獎勵企業有保證，同時發給外國人爲了投資可能調查而進入國內的許可，或是發給外國的技術者。

專家入國許可、允許擁有土地、允許將外幣帶到國外，或者是給予進口的機械關稅的減免、免稅，原材料、設備的進口稅最高可免除到九十%，還有三年到八年的法人所得稅得以免除等稅制上的優惠措施等。

此外，在一九七二年施行的「外國人企業限制法」中，明定不得在泰國從事的事業。而受到限制的業種可分爲外國企業完全被禁止的項目A，以及得到投資獎勵措施許可的項目B還有得到商務省商業登記局長的許可才能進行的項目C三種。

此外，也爲各位簡單探討一下投資手續的實務流程。向BOI的事務局負責部門（OBOI）提出申請文件後再與OBOI的負責官員面談，於所有的文件提出後的六十天以內，政府會允許小規模的投資。

案件若是在四千萬銖以下，則由OBOI討論即可，但若是在四千萬銖以上二億銖以下的事業，或者是二億銖以上、出口八十%以上的案件，則由BOI作出決定。若是以國內市場爲目標，超過二億銖以上的事業，則由BOI於九十天以內作出決定。得到許可之後，即由OBOI發給獎勵證書，然後就可以實際展開業務。

在今後的泰國，除了要誘導外資企業前來投資之外，培養支援產業也是當務之急，因此，預測事業的範圍還會繼續擴展。所以當地的新商機確實也增多了。

## 到泰國投資的核准申請手續

提　出　申　請　書

↓

與 OBOI 的負責官員面談

↓

依案件的內容、規模由 BOI 各組織進行檢討

↓

- 案件在4000萬銖以下由 OBOI 承認
- 案件在4000萬銖以上2億銖以內的計畫，或者是2億銖以上且出口占80%以上時由 BOI 委員會承認
- 以國內市場爲目標，2億銖以上的案件則由 BOI 承認

由OBOI通知獎勵的辦法及條件

↓

受理獎勵的地位

↓

提供文件供 OBOI 檢討

↓

由 OBOI 發出獎勵證書

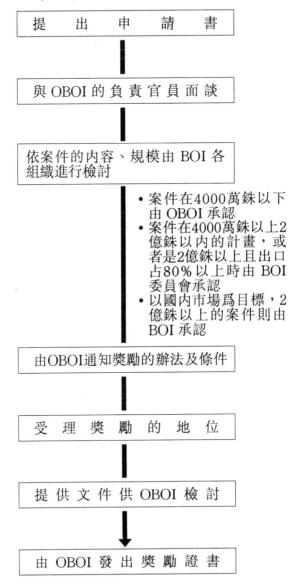

# 泰國基本資料

| | |
|---|---|
| 面積 | 51萬4,000㎢ |
| 人口 | 5,910萬人 |
| 首都 | 曼谷 |
| 主要都市 | 洛坤、隆塔布利、清邁、海加 |
| 人種 | 大多爲泰系民族，其他爲華僑、馬來族、山岳少數民族 |
| 言語 | 泰語 |
| 宗教 | 95%爲佛教 |
| 政治體制 | 立憲君主制 |
| 元首 | 浦美蓬·亞頓耶德鐸國王 |
| 議會 | 議院內閣制，議會爲2院制 |
| 政府 | 總理查瓦里特·勇查伊由特 |
| 主要產業 | 農業　工業化近年來有顯著的進展 |
| GDP | 1,671億美元（1995年） |
| 個人GDP | 2,775美元（1995年） |
| 經濟成長率 | 8.0%（1996年估計） |
| 物價上升率 | 5.2%（1995年） |
| 貿易額、對象國（1995年） | 出口　564.9億美元　美國、日本、新加坡、香港、荷蘭、德國<br>進口　709.3億美元　日本、美國、新加坡、德國、台灣、馬來西亞 |
| 主要貿易項目 | 出口　機械、衣料、半導體、電器、電子製品、橡膠、寶石、蝦、米<br>進口　機械、電器、電子製品、化學製品、汽車、零件、鋼鐵 |
| 流通貨幣、匯率 | 銖　1銖＝約4.5日圓（1996年11月） |
| 僑居人數 | 21,745人 |

## ●用不同於ASEAN其他諸國的意識和方法進駐越南

改走刷新政策的越南已經進入第十年了。由於外資的導入及市場經濟而持續上升的越南經濟，就好像深夜仍奔馳在胡志明市街道上的摩托車一樣永無止盡。

預估一九九六年的經濟成長率爲九．一％，工業生產額比前年增加十四％，農業生產額則增加四．八％，出口額增加三十二％。光看數字，很容易產生錯覺，以爲它與其他的東南亞聯盟諸國已經到達同一水準，但是，如前所叙的，越南目前仍是屬於「西部開拓時代」。產業的基本設備都很不完善，所以無法與泰國及馬來西亞相比。但是看看越南國內，就可以知道他們已在高速進行基本設備的興建。

對越南的投資，必須要十分了解越南的企業環境，必須以不同於泰國及馬來西亞等國的方法，以適合越南的投資法去進行，才能在日後獲得成功。

外國企業在越南的投資型態，是依「外國人投資法」而有以下的規定。

- 合併公司……外國企業必須出資三十％以上才能與越南企業成立合併公司。
- 一〇〇％子公司……外國出資一〇〇％而設立當地法人。

約。

- 事業協助……由日本企業與越南方面訂定事業協助契約，進行共同事業的契約。
- 生產委託加工……借貸必要的生產設備或機械，以生產製品或加工。
- BOT契約……僅限於基本設備的出口成套契約。進行資金籌措、管理營運等。一定期間後再賣給越南。

以到一九九四年六月為止得到核准的日本企業的投資型態來看，合併的有四十五家，一〇〇％子公司五家、事業協助的則有九家。

這些投資型態，與在其他的ASEAN諸國的企業型態有若干的不同。例如，一〇〇％的子公司，一般而言所有的經營實權應該都屬於該企業所有，但是在越南，連一些細微的細節都必須得到政府的許可才行，所以實質上可說是與政府合併的企業了。

而以合併公司來說的話，事實上它並不只是提攜國營企業的經營者，在它的背後還有地方政府存在。這些都是試圖進駐越南的企業必須了解的。

而關於企業進駐的椎准申請審查方面，也與其他的亞洲諸國不同，是一件一件的、非常愼重的進行審査。也就是所謂的「關卡方式」，爲了通過關卡，熟知越南方面的態度非常重要。投資型態別方面也有一些細微的限制要件，大都不是以資方的方便來決定的。例如服裝廠商，有出口的義務，若是合併、生產委託的話，則八十％必須出口，而一〇〇％的子公司則有九十％都必須輸出。

另外，像家電方面，則不能在當地，也就是國內販賣等種種的限制。但是，這些規定也並非都硬梆梆的毫無彈性，可由交涉來使限制緩和，所以重點就是要很有耐心的進行強力交涉。

投資許可的申請窗口是國家協力投資委員會（ＳＣＣＩ）。而最後的投資核准、營業許可也在此交付。

到目前爲止，來自日本的投資範疇，主要是製造業、農業、水產、服務業等，而今後到底哪些業種比較有希望呢？越南在ＡＳＥＡＮ之中的發言力將逐漸增強，所以今後的經濟發展非常有希望，而擴大出口也是必要課題。所以今後的高科技產業、農業、食品產業、不必依賴進口的代替產業、各種消費財產業等都將成爲重點，與這些有關的事業都將値得期待。

## 到越南投資核准的申請手續

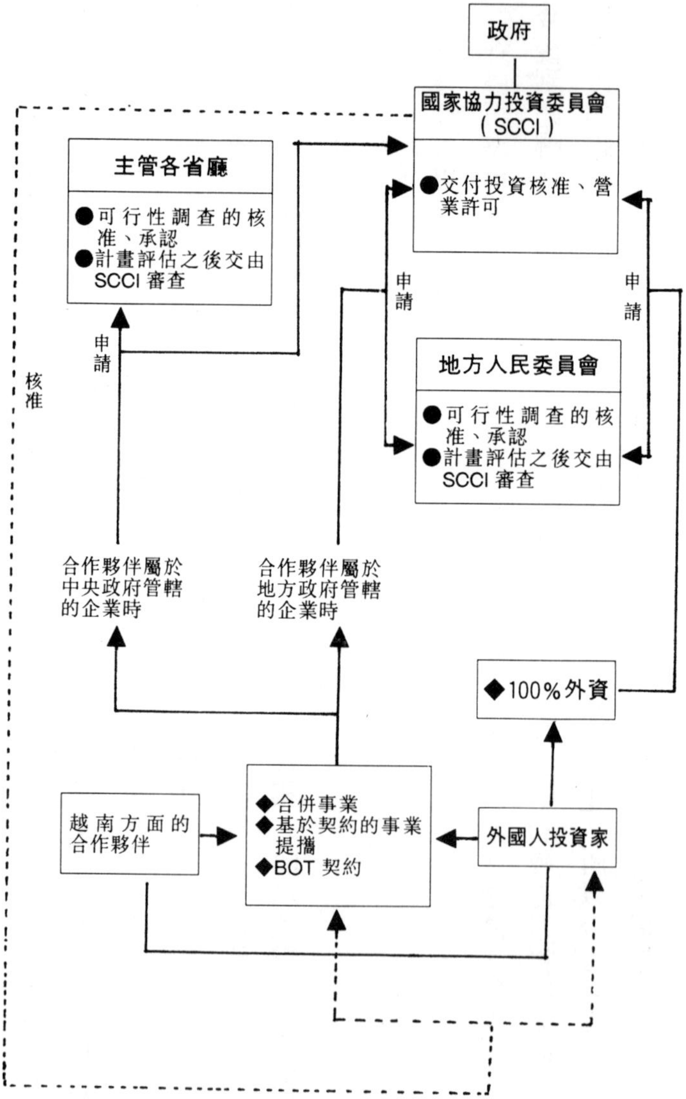

# 越南基本資料

| | |
|---|---|
| 面　　積 | 33萬1,688km² |
| 人　　口 | 7,103萬人 |
| 首　　都 | 河內 |
| 主要都市 | 胡志明市、海防、達南 |
| 人　　種 | 越南人 |
| 言　　語 | 越語 |
| 宗　　教 | 佛教80％、天主教、高台教 |
| 政治體制 | 社會主義共和制 |
| 元　　首 | 雷・德克・愛因總統 |
| 議　　會 | 一院制 |
| 政　　府 | 總理爲渥・汪・基耶特 |
| 主要產業 | 農林水產業、礦業 |
| G D P | 154億5400萬美元（1994年） |
| 個人GDP | 163美元（1993年） |
| 經濟成長率 | 9.1％（1996年估計） |
| 物價上升率 | 13％（1995年） |
| 貿易額、對象國（1995年） | 出口 52.2億美元 日本、新加坡、台灣、中國、俄羅斯<br>進口 75.2億美元 新加坡、日本、韓國、法國、台灣 |
| 主要貿易項目 | 出口 原油、纖維、海產物<br>進口 機械、原材料、石油製品 |
| 流通貨幣、匯率 | 盾 100日圓＝9969.9盾（1996年11月） |
| 僑居人數 | 1,325人 |

## ●以情報產業為優先誘導產業的馬來西亞

高四二一公尺，號稱東南亞第一的吉隆坡塔，在一九九六年十月剛開業的這座塔，給人的印象就如同莫斯科的尖塔，它同時也象徵著在ＡＳＥＡＮ諸國中經濟發展領先群雄的馬來西亞。在首都吉隆坡中，除了這座塔之外，還有高四五二公尺，號稱世界第一的雙塔等，超高大樓接二連三的聳立在吉隆坡市中，使得市內的景觀完全改觀。

二〇〇五年時，在吉隆坡南二十五公里處，將興建一個新都市，政府機能的一部分預定將轉移到那裡去。另外，在吉隆坡南五十公里處的色班，預定在一九九八年將開設一個巨大的新國際機場。都市機能的充實、基本設備也漸趨完善，其中最具代表性的，就是被稱爲「全能超級走廊」的國家計畫的推進。

這是在吉隆坡的首都圈設立一個寬十五公里、長四十公里的區域，在此先做好最尖端的情報基本設備，然後再誘導優良的研究開發或軟體製作的企業到此投資，而且歡迎海外具創造性的知識勞動者到此就業。在目前的這個階段，詳細的情形還不得而知，但據說美國的微軟公司已表示欲在此開設地區總部，表示海外的關心也逐漸升高。

這表示出馬來西亞欲從以往的勞動集約型轉換成知識、技術集約型的產業構造的企圖心。他們以在二〇二〇年邁向先進國這個偉大的國家目標爲前提，希望能夠成爲高度化的經濟社會。

因此，他們在導入外資方面，就採取強勢優先篩選進駐業種的姿態。馬來西亞工業開發廳（ＭＩＤＡ）就表明，爲了有效活用有限的勞動資源，所以以情報產業、高科技或零件、素材等企業爲優先誘導的對象。最近，日立製作所決定合併半導體的前工程部門，而夏普也表明將投入類似的事業計畫，這些流程幾乎都是按照馬來西亞的戰略進行的。

爲了支撐馬來西亞高度化的產業，不僅在硬體方面很重要，就是在優秀人材的軟體方面也很重要，因而在現在的馬來西亞，勞工不足及人材的培育就成了一大課題。在馬來西亞，每年有五萬人到六萬人不等的學生到海外留學，這樣下去的話，恐怕這些優秀的學生會流出到海外。爲了因應這種事態，在一九九六年到二〇〇〇年的第七次五年計畫中，便將重點擺在科學技術的新興以及提高勞動力的品質上。

最近，甚至有企業願意出資給日本的中小企業，希望他們能提供技術，由此可知，他們渴求日本高度的研究開發、技術力的程度，希望能有助於馬來西亞的經濟。

關於對馬來西亞的投資實務，在東京就設有馬來西亞工業開發廳的事務所，在此進行事前調查及進駐企業計畫的事前檢討等，而進駐型態方面，則是獎勵以合併型態進駐的企業，採取各種的獎勵政策。

例如投資比率，以製造業來說，製品八十％以上都出口的事業，出資比率沒有條件限制，若製品出口五一～七九％時，則外資比率在五十％以下等有些底線。若是高科技製品，或是政府裁定適宜的優先製品，而且是在國內生產的事業，則最高可允許一〇〇％的出資。在稅法上的優惠措施方面，一般的獎勵制度有開拓者、投資稅額扣除、輸出獎勵制度還有關於研究開發的獎勵制度等。

然而，要進駐馬來西亞之前，要先了解馬來西亞人的生活習慣，這點很重要。因爲馬來西亞是以回教爲國教，因此，在生意上要尊重回教的生活習慣。

## 到馬來西亞投資的核准申請手續

事前先在 MIDA 的日本事務所協商

↓

設立當地公司、辦理法人登記

↓

製造業執照、優惠措施、外國人就勞職位的申請

↓

基於環境法的許可申請

↓

選定用地或工廠

↓

提出工廠建設的設計圖

↓

申請保稅工廠

↓

申請機械、原材料的進口稅免除

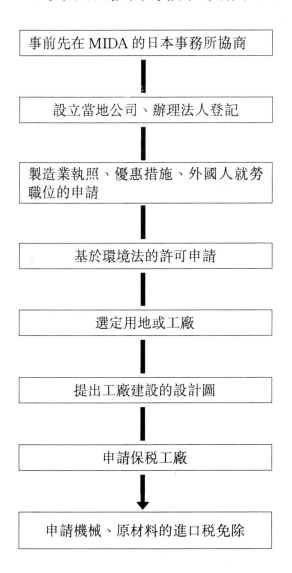

# 馬來西亞基本資料

| | |
|---|---|
| 面　　　積 | 33萬㎢ |
| 人　　　口 | 2,060萬人 |
| 首　　　都 | 吉隆坡 |
| 主 要 都 市 | 怡保、喬治城、檳城 |
| 人　　　種 | 馬來系約61%、中國系30%、印度系8%等 |
| 言　　　語 | 馬來語、中文、泰米爾語 |
| 宗　　　教 | 回教。其他還有佛教、儒教、印度教、基督教 |
| 政 治 體 制 | 立憲君主制 |
| 元　　　首 | 第10代國王德安克・加亞法 |
| 議　　　會 | 上、下二院制 |
| 政　　　府 | 總理馬哈地・莫哈馬德 |
| 主 要 産 業 | 製造業(電器機器)、農林業(天然橡膠、木材、棕櫚油)礦業(錫、原油、LNG) |
| G　D　P | 482億美元(1995年) |
| 個 人 GDP | 4,027美元(1995年) |
| 經濟成長率 | 8.0%(1996年估計) |
| 物價上升率 | 3.5%(1995年) |
| 貿易額、對象國(1995年) | 出口 724億美元 美國、新加坡、日本<br>進口 726億美元 日本、美國、新加坡 |
| 主要貿易項目 | 出口 電器、電子製品、原油、LNG、棕櫚油、原木、天然橡膠<br>進口 製造機器、輸送機器、食料品 |
| 流通貨幣、匯率 | Ringitt 1Ringitt＝45 日圓(1996 年 11 月) |
| 僑 居 人 數 | 5,544人 |

## ●持續開放市場、限制緩和的印尼

一九九六年八月獨立已屆滿五十一周年的印尼，由於基本設備、限制緩和、外資導入等因素，現在已經搖身一變而為「中進國」。

一九九五年印尼的經濟成長率高達八・一%的水準，這是繼一九七七年的九・八%以來的佳績。印尼政府今後仍將持續能夠保持這種水準的方針，謀求能夠緩和各種限制的對策。

在一九九四年的六月，基本上已經承認一〇〇%的外資，對於合併企業設立時的外資比率，也由八十%以下提升到九五%以下等等，發表了關於外國投資的限制緩和措施。由於這些措施，使得外國對印尼的投資大幅的增加。而印尼政府更進一步的採取撤消部分由國營獨占的產業，並對進口產業的外資解禁等等大膽的限制緩和措施。而且還降低與促進出口有關的資本材或原材料等的關稅，展開這一連串朝貿易自由化的動作。

首都雅加達的風貌也逐漸在改變中。只要到持續塞車的寬廣幹線旁的小巷中一看，就可以看到貧窮人家密集的光景依然不變，但是若把眼光放遠一些，就可以看到正在興建中的高樓大廈比比皆是。現在雖然有地下鐵及高層住宅的興建計畫，但若要使人人都能過著舒適的生活，必要的上下水道及道路拓寬等基本設備，才是今後的一大課題。

衆人的消費慾望也變得非常旺盛，一九九五年十一月，在雅加達郊外開設一家高級購物中心。能買得起高級名牌的人還只是一少部分，但是一般人都買得起的家電製品及AV製品，則非常受人歡迎。類似這樣的大型購物中心，不只雅加達有，連地方都市也都有設立了，眞正的消費社會已經開始了。

外國企業對印尼的投資窗口是投資調整廳（BKPM）。先向BKPM提出申請書及必要文件，待BKPM審查終了後再送達總統府，得到認可後再由BKPM發給投資企業總統承認通知書。這段公文往返時間約需一個月到一個半月。

外國投資基於印尼的法律設立股份有限公司時所適用的外國投資法，特別稱爲PMA（Penanaman Model Asing），與國內企業具有不同的資格。

在一九九四年的限制緩和中，當初的規定是十五年內外資可以保有其股份的一〇〇％，但在新的規定中，則是爲外資開放的特定九種範圍的重要產業（港灣、發電、送電、配電、通信、海運、航空、飲水、鐵路、原子能發電、大衆傳播媒體）要進駐時，一開始就必須要和印尼成立合併企業，出資比率則外資最高可達九五％，印尼最低爲五％。

此外，已經開始商業生產的外資系企業也可以設立其他的公司。僅限於對外國開放的範圍內，印尼既存的股份公司的股份，最高可以得到九五％。在借貸的資金操作、銷售路線的擴張、技術革新等關於改善企業體質方面，只要有正當的理由，不分個人、法人，都有可能取得股份。此外，免除設備機器的進口關稅、有條件的免除原材料的關稅等等稅制上的優惠措施也很多。

印尼和馬來西亞一樣，幾乎都是回教徒，所以必須要先了解他們的生活習慣和價值觀。另外「商量」「相互扶持」也很重要，如果能了解這些，基本上他們都是個性開朗的人，應該可以建立良好關係。

現在印尼所面臨的最大問題，就是東帝汶島的獨立問題，以及排華暴動的影響，值得注意。

## 到印尼投資的核准申請手續

向 BKPM 提出申請書及必要文件

↓

由 BKPM 進行審查、由總統府認可

↓

取得投資核准書

↓

取得雇用外國人、進口機材的許可

↓

取得立地以及有關建設的許可

↓

建設、試運轉

↓

商業生產

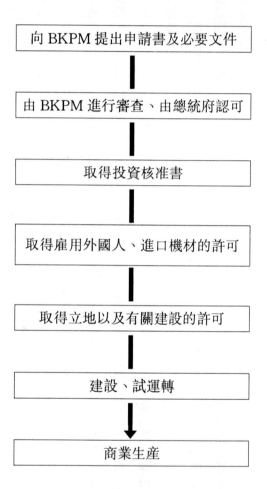

# 印尼基本資料

| | |
|---|---|
| 面　　積 | 190.5萬km² |
| 人　　口 | 1億7,919萬人 |
| 首　　都 | 雅加達 |
| 主要都市 | 斯拉巴亞、棉蘭、萬隆 |
| 人　　種 | 大半爲馬來系 |
| 言　　語 | 印尼語 |
| 宗　　教 | 回教占87.1% |
| 政治體制 | 共和制 |
| 元　　首 | 蘇哈托總統（現爲哈比） |
| 議　　會 | 國會、國民協議會 |
| 政　　府 | 第6次開發內閣 |
| 主要產業 | 礦業（石油、LNG、鋁、錫）、農業、工業 |
| G D P | 1,977億美元（1995年） |
| 個人GDP | 1,023美元（1995年） |
| 經濟成長率 | 7.1%（1996年估計） |
| 物價上升率 | 8.6%（1995年） |
| 貿易額、對象國（1995年） | 出口　454億美元　日本、美國、新加坡<br>進口　406億美元　日本、美國、德國、韓國 |
| 主要貿易項目 | 出口　石油、天然瓦斯、纖維、合板、鞋類、橡膠<br>進口　石油製品、機械、汽車零件、鋼鐵板 |
| 流通貨幣、匯率 | 盧比亞　100盧比亞＝約5.0日圓（1996年11月） |
| 僑居人數 | 9,967人 |

## ●的確充滿魅力的投資國菲律賓

菲律賓自一九八九年爆發政變未遂事件以後，政治即不穩定，再加上一九九〇年呂宋島的大地震、一九九一年皮拿特坡的火山爆發等負面事件的影響，經濟低迷持續了好一陣子。與其他的ＡＳＥＡＮ諸國似乎拉開了距離。但是最近，在羅慕斯政權的領導之下，經濟成長露出曙光。一九九四年成長率即提升了五％，而原本二位數的物價上升率也稍稍穩定下來。

在前章也提到過，政治穩定、治安也在恢復當中，海外投資也趨於活潑化，因此，在一九九三年就進行了比前年多二倍，約一四四億披索的外國投資。

以往，在馬尼拉首都圈最大的問題是電力問題，最近也因在馬尼拉周邊設立了多數的發電廠，隨時都可發揮作用，所以停電的問題大致已經解決了。

原本菲律賓人一般就很勤勞，而且幾乎所有的國民都懂英語，從這些高素質來看，對海外的企業家而言，實在是很有魅力的投資地點。但是因爲以往災害及事件等的報導，而使衆人對菲律賓留下了先入爲主的印象。

在菲律賓中，的確有著實在成長的地區。那就是從日本也可以直航的宿霧洲。宿霧是以風景優美的渡假勝地而聞名，但它也是一個大規模的出口加工區，這裡因爲誘導外資前來投資及美麗的觀光資源而達到高度的成長。

對出口加工區的內外投資，在一九九五年突破了一百億披索，出口成長率超過過去五年內平均的二十%，是全國平均的二倍。目前進駐該地的企業有九十五家，其中日系企業占了六成。原本面積有一五〇公頃的第一區已達飽和狀態，現在在進行擴張工程。

原本就是出口加工區的民丹島，占海上交通之便，吸引了國際機場到此投資，而與日本、東南亞、澳洲、中東等直接連結，也成了發展的一大誘因。

另一方面，工業用水不足、用地不足、電力供給能力不足等等的問題仍然存在，今後的整備將是一大課題。

在菲律賓，像這樣能夠積極吸引外資前來投資的出口加工區，除民丹島之外還有巴旦、巴基歐、卡比堤。

關於來自海外的投資方面，菲律賓政府每年都會製作該年的投資優先表，希望對菲律賓的發展最有幫助的企業、事業範圍能在該國投資，這個表就稱爲ＩＰＰ（Investment Priorities Plan）＝投資優先計畫）。

登錄在ＩＰＰ的企業當中，如果是在菲律賓國內首次完成的製品，或者是以其他原材料爲生產、加工的事業，或是生產以往的商業規模無法生產的商品、製品製造、加工事業等稱爲先鋒企業的企業，在財務、稅務上都可以享受獎勵措施。

此外，在出口加工區廳（Export Processing Zone Authority＝ＥＰＺＡ）有登錄的企業，也可以受到免除法人所得稅、有關國產資本設備的稅額扣除等獎勵措施的優惠。此外，對於一〇〇％的資金擁有者、雇用外國人，或者是原料備品的稅務免除等，還有各種的獎勵措施。

要到ＥＰＺＡ的投資程序是，先聽ＥＰＺＡ的情報促進部、法人負責服務副長官等人的說明，到該地去視察後提出申請書和企業家調查報告書，得到ＥＰＺＡ的理事會承認之後，即可完成登錄。

以往在ＡＳＥＡＮ諸國中不太受到重視的菲律賓，與他國相較之下，升大學的比率較高，手巧靈活的人也較多，那不就等於這裡就存在著能夠運用他們這些資質

## 到菲律賓投資的核准申請手續
## (菲律賓政府投資委員會)

辦理登錄計畫以及提出恩惠授與的申請書

↓

發給認可文件　發給一般以及特定的諸條件

↓

向投資委員會提出對機械、零件的進口負責機關的要求並得到許可

↓

向投資委員會提出對於原材料、必需品的進口相關機關的要求並得到許可

↓

登錄前的必要手續

↓

由投資委員會發給登錄證明書

↓

爲了免稅進口機械、機器而提出申請書

↓

由投資委員會發給設備機械的無稅無關稅進口權利的證明書

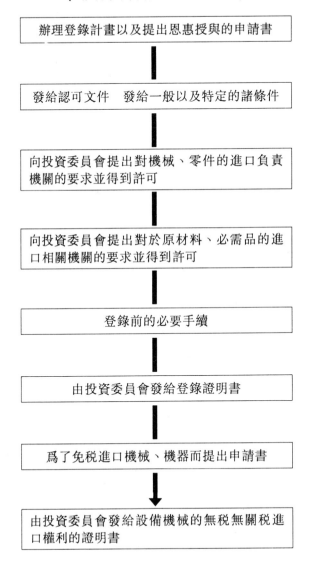

# 菲律賓基本資料

| | |
|---|---|
| 面　　　　積 | 29.9萬km² |
| 人　　　　口 | 6,070萬人 |
| 首　　　　都 | 馬尼拉 |
| 主 要 都 市 | 達沃、宿霧、山波安加 |
| 人　　　　種 | 以馬來系爲主體。其他還有中國系、四班牙系、少數民族等 |
| 言　　　　語 | 菲律賓語。共通語爲菲律賓語及英語 |
| 宗　　　　教 | 83%的國民是天主教徒 |
| 政 治 體 制 | 立憲共和制 |
| 元　　　　首 | 菲德爾・羅慕斯總統 |
| 議　　　　會 | 上、下二院制 |
| 政　　　　府 | 由總統任命的各省廳長構成內閣 |
| 主 要 產 業 | 農林水產業 |
| G　D　P | 741億美元（1995年） |
| 個　人　GDP | 1,083美元（1995年） |
| 經濟成長率 | 5.5%（1996年估計） |
| 物價上升率 | 8.1%（1995年） |
| 貿易額、對象國（1995年） | 出口 134.8億美元 美國、日本、德國、香港、英國<br>進口 213.3億美元 日本、美國、台灣、新加坡、韓國 |
| 主要貿易項目 | 出口 衣類、半導體相關製品、椰子油、木工家具<br>進口 石油、石油相關製品、半導體、機械類、纖維類 |
| 流通貨幣、匯率 | 披索 1披索＝4.4日圓（1996年11月） |
| 僑 居 人 數 | 3,694人 |

的事業、商機嗎？

## ●「睡醒的巨象」印度是亞洲的第二市場

先前已為各位介紹過有關中國、東南亞各國的經濟狀況，最後再為各位簡單的介紹一下南亞的「睡醒的巨象」——印度。

印度的經濟，自一九九一年推出經濟改革、自由化政策之後，已明顯的朝成長之路發展。根據世界銀行的預測，估計到二〇〇三年為止，將有五・三％的成長率，擁有約九億人口的這頭「睡醒的巨象」印度，現在正緩緩的踏出它那粗大的步伐了。

提到印度，以往給人的印象就是一小部分的富人及大多數的貧窮人家。但在這五年來，中間階級也迅速抬頭牽引著消費市場。

要為中間階級下個定義實在很不容易，不過根據國立應用經濟研究所對消費財的滲透調查結果，可以為它下個定義，這個調查是將國民的家用支出分類為五個階層。

中所得層是指年收入四萬一千盧比以上，往上則是六萬一千盧比以上，最高層是八萬六千盧比以上，對於所得在這個範圍之內的人則被視爲中間階層。

這些牽引著印度消費經濟的中間層的誕生，印度政府在經濟、政治上的努力可謂功不可沒，而教育制度的完善及種姓制度的廢止等，也都產生了極大的影響。

現在，中間所得層據說有一億五千萬人以上，還有年間以二千萬人以上的比率在增加的企業人。

位於新德里中心的繁華街康諾德．布雷斯，街上就有很多家精品名店，打扮時麾的女性比傳統裝扮的女性還要多。

而耐久消費財，也以年間二十％的成長率不斷擴大市場。

隨著小家庭化以及女性的進駐社會，洗衣機和冰箱等的家電製品也大受歡迎。微波爐也逐漸成爲家庭必備的家電之一。而彩色電視機普及率的成長也很高，預計到二千年將達到三百萬台。預計今後充電型電話、冷氣、大哥大、ＣＤ唱盤等高級品的需求也將提高。

不管是生意或休閒，車子都是不可或缺的代步工具。在印度的第二大都市孟買，車輛的數目也逐年在增加，在印度的各個都市，也逐漸可以感受到像曼谷那種寸步難行的痛苦。

關於外國資本的進駐方面，現階段仍以汽車業界有過熱的現象，包括歐美、日本、韓國等就有七家廠商進駐。在一九九七年，預定還有福斯汽車、豐田、本田、三菱等廠商將要進駐。而由已經進駐的鈴木與印度政府合併的企業所生產的「MARCH」，以車子小、省油而受人歡迎，目前在國內占有七成的市場。各汽車廠商陸續進駐印度，受這個成功例子的影響蠻大的。

另外，關於在印度的投資要件，印度政府與其他的亞洲各國不同，基本上不對外資企業採取優惠待遇。進駐印度的企業，與印度國內企業是站在對等的立場。

而關於投資手續方面，可分需得到印度準備銀行自動認可，以及需要產業執照這二種情況。要得到自動認可的要件是，外資的出資比率在五一%以內，是高度優先產業範圍內的業種，或者是以外資進口必要資本財等情形。而高度優先產業則包括建設、產業機械、化學、高科技、食品加工、電腦軟體、運輸、海運等三十六個範圍之內。若是符合自動認可的情形，則向印度準備銀行提出申請。而不符合自動認可的要件時，則必須向工業省產業承認事務局或者是外國投資促進委員會提出申請。而需要產業執照的必要範圍是指煤、石油、木製品、娛樂用家電製品等屬於產業政策上需要執照的必要事業，此外，還包括爲小規模企業保留的事業，和在人口一百萬以上的都市近郊建設工廠等情形。這種情形就必須向工業省產業承認事務局提出申請。

另外，對於以出口志向型事業的投資或是進駐出口加工區的企業，會有一些稅制上的優惠措施。一些沒有義務取得產業執照的產業，或是不違反立地限制等符合這幾項要件的出口志向產業，也可以得到自動認可。

日本對印度的投資及企業進駐，已經有過熱化的現象了。雖然印度是個極大的消費市場，但是道路、電力、港灣、鐵路等與基本設備有關的產業，或者是高科技通信、軟體等情報產業，今後也很值得注意。

對印度而言，日本一直都是它「單戀」的對象。對日本來說，印度並不是挺重要的貿易國。但印度卻把日本視爲是進出口方面最重要的國家。在看東方運動（Look East）中，對日本企業的期待，也超乎想像的大。

## 到印度投資範圍別的申請手續

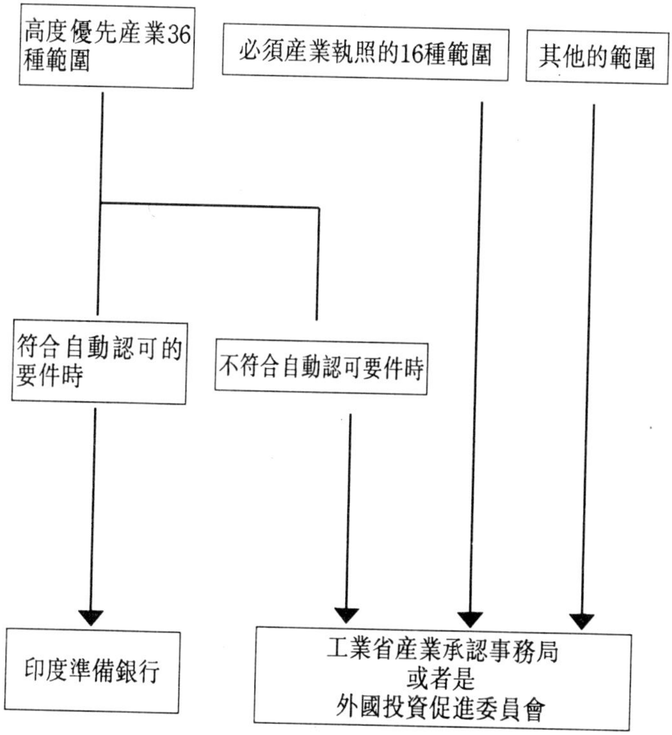

# 印度基本資料

| | |
|---|---|
| 面　積 | 328.8萬km² |
| 人　口 | 9億146萬人 |
| 首　都 | 新德里 |
| 主要都市 | 孟買、加爾各答、馬德拉斯 |
| 人　種 | 印度、亞利安系、德拉比塔系及其他 |
| 言　語 | 北印度語（通用語）、16個地方的通用語 |
| 宗　教 | 印度教83%、回教11%、錫克教 |
| 政治體制 | 聯邦共和制 |
| 元　首 | 夏魯曼總統 |
| 議　會 | 上、下二院制 |
| 政　府 | 德北・公達總理 |
| 主要產業 | 農業、鋼鐵 |
| G D P | 3,014億美元（1994年） |
| 個人GDP | 335美元（1994年） |
| 經濟成長率 | 6.3%（1994年） |
| 物價上升率 | 10.2%（1994年） |
| 貿易額、對象國（1995年） | 出口 250億美元 美國、俄羅斯、德國、日本<br>進口 267億美元 美國、德國、英國、日本 |
| 主要貿易項目 | 出口 農水產物、礦產、纖維製品、寶飾品、手工藝品<br>進口 石油、潤滑油、鋼鐵、一般機械 |
| 流通貨幣、匯率 | 盧比 1盧比＝1.4日圓（1996年11月） |
| 僑居人數 | 1,321人 |

## ■亞洲夢的另外一種型態，在亞洲就職成功的秘訣

### ●要有明確的「在亞洲工作」的目的

自從泡沫經濟瓦解之後，馬上就面臨一個很難穿越的超冰河期的就職戰線。因此，看破日本這個封閉社會，想到成長迅速的亞洲工作，想在亞洲一展身手的日本年輕人增加了，當然這也是無可厚非之事。

另外一方面，「在亞洲工作」似乎被多數人當成是一種熱潮。如果眞的想到亞洲就職，首先先要弄清楚自己在該國想做什麼？爲什麼非到這個國家不可……等，最重要的就是要明確的弄清楚自己到亞洲就職的目的。而自己在該國到底能做什麼？對自己的能力做一下客觀的分析，這是想要在亞洲就職成功的第一步。

在此爲各位介紹亞洲夢的另一種型態，到亞洲就職的一些狀況。對於任何一個想在亞洲創業的人來說，首先一定要到該地就職。先築好在該國的生意管道及人脈，將

成今後發展的莫大財產。

## ●求才若渴的香港、新加坡和中國

需要日本人才的國家，在亞洲有香港、新加坡和中國。在香港，需要日本人才的企業，不光是日本企業，還有以日本市場爲目標的香港企業，或者是日本以外的外資系企業等。

較需要日本人的職種，以秘書或營業助理、香港企業與日系企業之間的協調業務、總務等較多。另外像需要具備專門知識的翻譯、會計、財務、調查等方面的人才，最近也有增多的趨勢。

香港是日本的女上班族最嚮往的亞洲就職地，不過隨著求職者的增加、求職者素質的提高，競爭率也年年提高。當然，英語能力是必備的，但要求最好也會廣東話的公司也增加了。到了一九九七年七月以後，北京話的能力也被列入必須具備的能力之一了。

在香港，有很多人才仲介公司進駐，一般企業通常會利用這種仲介公司來找尋人才。在一九九五年時，以日本男性就職希望者為優先派遣的人才仲介公司也出現了。

要求求職者必須具備高素質，這點在新加坡也是一樣。要在新加坡工作，一定得先取得工作證，條件是在新加坡國內的人才無可取代的職務才行。求職者的學歷、技術、資格等都必須受到審查。發給簽證的基準雖然沒有公開，但是以四年制大學的畢業生，具有三年以上工作經驗的人較受到重視。

在新加坡，慢性勞工不足的現象依舊持續著，優秀的新加坡人也很多，他們需要的是日本人的專門知識及實務經驗。業種包括商社、製造、不動產、金融等，職種則包括營業、工程師、貿易實務、秘書、電腦相關業務的銷售、系統設計等等。

此外，像目光聚集的中國，飯店等的服務業、電腦相關等業種的求才持續增加。但是，現在由於勞動許可的手續和人事費用等種種的問題，日系企業很少採用當地的日本人，而大都是由日本派遣指導，管理階層的人到當地工作。

## ●日本人將就職目標對準泰國、馬來西亞

日本企業的進駐已經非常明顯，據說已經超過一千家的泰國、馬來西亞，有很多

日本人就職的機會，但是想在這兩個國家取得工作簽證非常困難，因爲它們的勞動市場都還不是很開放。

想要在泰國工作，前提是必須先與當地的企業先簽定臨時雇用契約，這樣才可以申請工作簽證。在泰國大使館，會針對此人的學歷、職歷、在泰國的預定職務等，以及雇用的這家企業的事業內容、資本金、外幣獲得能力、雇用促進等對企業整體做綜合性的檢查。而且，每雇用一名外國人，至少就必須雇用五到七名的泰國人，這也是申請許可的要件。

雖然要取得工作簽證是那麼困難，但是到泰國就職仍是日本人所希望的。像飯店、旅行業界等與觀光有關的業種，不僅是曼谷，連渡假勝地也需要。此外，還有日系企業的營業、翻譯、電力、電腦相關產業等，也需要日本人。

在馬來西亞，外國人若想在此就職，一定要先取得工作證。而取得的要件是必須是在馬來西亞國內沒有人可以取代的人才，當然個人的學歷、職歷、專門性，以及雇用企業的事業內容、資金等綜合企業力，都必須接受審查。

需要日本人的職種，以電腦相關產品的技術者、廠商的技術者，和飯店、旅行社等與觀光有關的職種爲主。在馬來西亞，除了日本以外的外國企業也很多，但有時是基於日本市場戰略才雇用日本人。

## ●只要腳踏實地的做事一定會有光明的未來

想到亞洲工作，最好要在事前了解那是與日本的工作環境相差很多的環境。

各種保險及福利制度、獎金等，與日本就有很大的不同。例如：在香港沒有社會保險，所以生病時就必須以自費支付。依國家的不同，有時也會有住院時並非一〇〇%的負擔費用的情形。在紅利方面，例如在新加坡，保證給一個月份，當成是年末所得稅的準備金，而且所得稅的申報和納稅都必須由自己來進行。

在該地的住處，通常都必須自己去找。香港的租金高是非常有名的，而同樣的在新加坡也不是很好，房子的租金通常要花掉收入的三分之一以上。

此外，在日系企業工作時，由日本派遣過去的駐在員與在當地採用的職員，待遇上就有很大的差別。從當地職員的水準來看，判斷基準或許就不同。所以大可不必與日本人駐在員相互比較。

爲了要在亞洲國家腳踏實地的工作，親身去體驗亞洲人的生活很重要。從時時刻刻在變化的街頭景觀、商店或百貨公司的門前、每個人的服裝，以及他們隨意的閒聊等日常生活之中，或者是商業會議或開發的現場，你一定可以發現一些新的商機。

在隱藏著各種商機的亞洲，需要的是能夠去探索其可能性的龐大力量及戰略，光是如此就已經充滿魅力，亞洲可說是能將自己的能力發揮到最大限度，充滿夢想的地方。

# 大展出版社有限公司 圖書目錄

地址：台北市北投區(石牌)
致遠一路二段 12 巷 1 號
電話：(02)28236031
28236033
郵撥：0166955～1
傳真：(02)28272069


## ・法律專欄連載・電腦編號 58

台大法學院 法律學系／策劃
法律服務社／編著

| | | |
|---|---|---|
| 1. 別讓您的權利睡著了 1 | | 200 元 |
| 2. 別讓您的權利睡著了 2 | | 200 元 |

## ・秘傳占卜系列・電腦編號 14

| | | |
|---|---|---|
| 1. 手相術 | 淺野八郎著 | 180 元 |
| 2. 人相術 | 淺野八郎著 | 180 元 |
| 3. 西洋占星術 | 淺野八郎著 | 180 元 |
| 4. 中國神奇占卜 | 淺野八郎著 | 150 元 |
| 5. 夢判斷 | 淺野八郎著 | 150 元 |
| 6. 前世、來世占卜 | 淺野八郎著 | 150 元 |
| 7. 法國式血型學 | 淺野八郎著 | 150 元 |
| 8. 靈感、符咒學 | 淺野八郎著 | 150 元 |
| 9. 紙牌占卜學 | 淺野八郎著 | 150 元 |
| 10. ESP 超能力占卜 | 淺野八郎著 | 150 元 |
| 11. 猶太數的秘術 | 淺野八郎著 | 150 元 |
| 12. 新心理測驗 | 淺野八郎著 | 160 元 |
| 13. 塔羅牌預言秘法 | 淺野八郎著 | 200 元 |

## ・趣味心理講座・電腦編號 15

| | | |
|---|---|---|
| 1. 性格測驗① 探索男與女 | 淺野八郎著 | 140 元 |
| 2. 性格測驗② 透視人心奧秘 | 淺野八郎著 | 140 元 |
| 3. 性格測驗③ 發現陌生的自己 | 淺野八郎著 | 140 元 |
| 4. 性格測驗④ 發現你的真面目 | 淺野八郎著 | 140 元 |
| 5. 性格測驗⑤ 讓你們吃驚 | 淺野八郎著 | 140 元 |
| 6. 性格測驗⑥ 洞穿心理盲點 | 淺野八郎著 | 140 元 |
| 7. 性格測驗⑦ 探索對方心理 | 淺野八郎著 | 140 元 |
| 8. 性格測驗⑧ 由吃認識自己 | 淺野八郎著 | 160 元 |
| 9. 性格測驗⑨ 戀愛知多少 | 淺野八郎著 | 160 元 |
| 10. 性格測驗⑩ 由裝扮瞭解人心 | 淺野八郎著 | 160 元 |

| | | | |
|---|---|---|---|
| 11. | 性格測驗⑪ 敲開內心玄機 | 淺野八郎著 | 140 元 |
| 12. | 性格測驗⑫ 透視你的未來 | 淺野八郎著 | 160 元 |
| 13. | 血型與你的一生 | 淺野八郎著 | 160 元 |
| 14. | 趣味推理遊戲 | 淺野八郎著 | 160 元 |
| 15. | 行為語言解析 | 淺野八郎著 | 160 元 |

## ・婦 幼 天 地・電腦編號 16

| | | | |
|---|---|---|---|
| 1. | 八萬人減肥成果 | 黃靜香譯 | 180 元 |
| 2. | 三分鐘減肥體操 | 楊鴻儒譯 | 150 元 |
| 3. | 窈窕淑女美髮秘訣 | 柯素娥譯 | 130 元 |
| 4. | 使妳更迷人 | 成　玉譯 | 130 元 |
| 5. | 女性的更年期 | 官舒姸編譯 | 160 元 |
| 6. | 胎內育兒法 | 李玉瓊編譯 | 150 元 |
| 7. | 早產兒袋鼠式護理 | 唐岱蘭譯 | 200 元 |
| 8. | 初次懷孕與生產 | 婦幼天地編譯組 | 180 元 |
| 9. | 初次育兒 12 個月 | 婦幼天地編譯組 | 180 元 |
| 10. | 斷乳食與幼兒食 | 婦幼天地編譯組 | 180 元 |
| 11. | 培養幼兒能力與性向 | 婦幼天地編譯組 | 180 元 |
| 12. | 培養幼兒創造力的玩具與遊戲 | 婦幼天地編譯組 | 180 元 |
| 13. | 幼兒的症狀與疾病 | 婦幼天地編譯組 | 180 元 |
| 14. | 腿部苗條健美法 | 婦幼天地編譯組 | 180 元 |
| 15. | 女性腰痛別忽視 | 婦幼天地編譯組 | 150 元 |
| 16. | 舒展身心體操術 | 李玉瓊編譯 | 130 元 |
| 17. | 三分鐘臉部體操 | 趙薇妮著 | 160 元 |
| 18. | 生動的笑容表情術 | 趙薇妮著 | 160 元 |
| 19. | 心曠神怡減肥法 | 川津祐介著 | 130 元 |
| 20. | 內衣使妳更美麗 | 陳玄茹譯 | 130 元 |
| 21. | 瑜伽美姿美容 | 黃靜香編著 | 180 元 |
| 22. | 高雅女性裝扮學 | 陳珮玲譯 | 180 元 |
| 23. | 蠶糞肌膚美顏法 | 坂梨秀子著 | 160 元 |
| 24. | 認識妳的身體 | 李玉瓊譯 | 160 元 |
| 25. | 產後恢復苗條體態 | 居理安・芙萊喬著 | 200 元 |
| 26. | 正確護髮美容法 | 山崎伊久江著 | 180 元 |
| 27. | 安琪拉美姿養生學 | 安琪拉蘭斯博瑞著 | 180 元 |
| 28. | 女體性醫學剖析 | 增田豐著 | 220 元 |
| 29. | 懷孕與生產剖析 | 岡部綾子著 | 180 元 |
| 30. | 斷奶後的健康育兒 | 東城百合子著 | 220 元 |
| 31. | 引出孩子幹勁的責罵藝術 | 多湖輝著 | 170 元 |
| 32. | 培養孩子獨立的藝術 | 多湖輝著 | 170 元 |
| 33. | 子宮肌瘤與卵巢囊腫 | 陳秀琳編著 | 180 元 |
| 34. | 下半身減肥法 | 納他夏・史達賓著 | 180 元 |
| 35. | 女性自然美容法 | 吳雅菁編著 | 180 元 |
| 36. | 再也不發胖 | 池園悅太郎著 | 170 元 |

| | | |
|---|---|---|
| 37. 生男生女控制術 | 中垣勝裕著 | 220 元 |
| 38. 使妳的肌膚更亮麗 | 楊　皓編著 | 170 元 |
| 39. 臉部輪廓變美 | 芝崎義夫著 | 180 元 |
| 40. 斑點、皺紋自己治療 | 高須克彌著 | 180 元 |
| 41. 面皰自己治療 | 伊藤雄康著 | 180 元 |
| 42. 隨心所欲瘦身冥想法 | 原久子著 | 180 元 |
| 43. 胎兒革命 | 鈴木丈織著 | 180 元 |
| 44. NS 磁氣平衡法塑造窈窕奇蹟 | 古屋和江著 | 180 元 |
| 45. 享瘦從腳開始 | 山田陽子著 | 180 元 |
| 46. 小改變瘦 4 公斤 | 宮本裕子著 | 180 元 |
| 47. 軟管減肥瘦身 | 高橋輝男著 | 180 元 |
| 48. 海藻精神秘美容法 | 劉名揚編著 | 180 元 |
| 49. 肌膚保養與脫毛 | 鈴木真理著 | 180 元 |
| 50. 10 天減肥 3 公斤 | 彤雲編輯組 | 180 元 |
| 51. 穿出自己的品味 | 西村玲子著 | 280 元 |

## ・青 春 天 地・ 電腦編號 17

| | | |
|---|---|---|
| 1. A 血型與星座 | 柯素娥編譯 | 160 元 |
| 2. B 血型與星座 | 柯素娥編譯 | 160 元 |
| 3. O 血型與星座 | 柯素娥編譯 | 160 元 |
| 4. AB 血型與星座 | 柯素娥編譯 | 120 元 |
| 5. 青春期性教室 | 呂貴嵐編譯 | 130 元 |
| 6. 事半功倍讀書法 | 王毅希編譯 | 150 元 |
| 7. 難解數學破題 | 宋釗宜編譯 | 130 元 |
| 9. 小論文寫作秘訣 | 林顯茂編譯 | 120 元 |
| 11. 中學生野外遊戲 | 熊谷康編著 | 120 元 |
| 12. 恐怖極短篇 | 柯素娥編譯 | 130 元 |
| 13. 恐怖夜話 | 小毛驢編譯 | 130 元 |
| 14. 恐怖幽默短篇 | 小毛驢編譯 | 120 元 |
| 15. 黑色幽默短篇 | 小毛驢編譯 | 120 元 |
| 16. 靈異怪談 | 小毛驢編譯 | 130 元 |
| 17. 錯覺遊戲 | 小毛驢編著 | 130 元 |
| 18. 整人遊戲 | 小毛驢編著 | 150 元 |
| 19. 有趣的超常識 | 柯素娥編譯 | 130 元 |
| 20. 哦！原來如此 | 林慶旺編譯 | 130 元 |
| 21. 趣味競賽 100 種 | 劉名揚編譯 | 120 元 |
| 22. 數學謎題入門 | 宋釗宜編譯 | 150 元 |
| 23. 數學謎題解析 | 宋釗宜編譯 | 150 元 |
| 24. 透視男女心理 | 林慶旺編譯 | 120 元 |
| 25. 少女情懷的自白 | 李桂蘭編譯 | 120 元 |
| 26. 由兄弟姊妹看命運 | 李玉瓊編譯 | 130 元 |
| 27. 趣味的科學魔術 | 林慶旺編譯 | 150 元 |
| 28. 趣味的心理實驗室 | 李燕玲編譯 | 150 元 |

29. 愛與性心理測驗　小毛驢編譯　130元
30. 刑案推理解謎　小毛驢編譯　180元
31. 偵探常識推理　小毛驢編譯　180元
32. 偵探常識解謎　小毛驢編譯　130元
33. 偵探推理遊戲　小毛驢編譯　130元
34. 趣味的超魔術　廖玉山編著　150元
35. 趣味的珍奇發明　柯素娥編著　150元
36. 登山用具與技巧　陳瑞菊編著　150元
37. 性的漫談　蘇燕謀編著　180元
38. 無的漫談　蘇燕謀編著　180元
39. 黑色漫談　蘇燕謀編著　180元
40. 白色漫談　蘇燕謀編著　180元

## ·健康天地· 電腦編號 18

1. 壓力的預防與治療　柯素娥編譯　130元
2. 超科學氣的魔力　柯素娥編譯　130元
3. 尿療法治病的神奇　中尾良一著　130元
4. 鐵證如山的尿療法奇蹟　廖玉山譯　120元
5. 一日斷食健康法　葉慈容編譯　150元
6. 胃部強健法　陳炳崑譯　120元
7. 癌症早期檢查法　廖松濤譯　160元
8. 老人痴呆症防止法　柯素娥編譯　130元
9. 松葉汁健康飲料　陳麗芬編譯　130元
10. 揉肚臍健康法　永井秋夫著　150元
11. 過勞死、猝死的預防　卓秀貞編譯　130元
12. 高血壓治療與飲食　藤山順豐著　150元
13. 老人看護指南　柯素娥編譯　150元
14. 美容外科淺談　楊啟宏著　150元
15. 美容外科新境界　楊啟宏著　150元
16. 鹽是天然的醫生　西英司郎著　140元
17. 年輕十歲不是夢　梁瑞麟譯　200元
18. 茶料理治百病　桑野和民著　180元
19. 綠茶治病寶典　桑野和民著　150元
20. 杜仲茶養顏減肥法　西田博著　150元
21. 蜂膠驚人療效　瀨長良三郎著　180元
22. 蜂膠治百病　瀨長良三郎著　180元
23. 醫藥與生活(一)　鄭炳全著　180元
24. 鈣長生寶典　落合敏著　180元
25. 大蒜長生寶典　木下繁太郎著　160元
26. 居家自我健康檢查　石川恭三著　160元
27. 永恆的健康人生　李秀鈴譯　200元
28. 大豆卵磷脂長生寶典　劉雪卿譯　150元
29. 芳香療法　梁艾琳譯　160元

| | | |
|---|---|---|
| 30. 醋長生寶典 | 柯素娥譯 | 180 元 |
| 31. 從星座透視健康 | 席拉・吉蒂斯著 | 180 元 |
| 32. 愉悅自在保健學 | 野本二士夫著 | 160 元 |
| 33. 裸睡健康法 | 丸山淳士等著 | 160 元 |
| 34. 糖尿病預防與治療 | 藤田順豐著 | 180 元 |
| 35. 維他命長生寶典 | 菅原明子著 | 180 元 |
| 36. 維他命 C 新效果 | 鐘文訓編 | 150 元 |
| 37. 手、腳病理按摩 | 堤芳朗著 | 160 元 |
| 38. AIDS 瞭解與預防 | 彼得塔歇爾著 | 180 元 |
| 39. 甲殼質殼聚糖健康法 | 沈永嘉譯 | 160 元 |
| 40. 神經痛預防與治療 | 木下真男著 | 160 元 |
| 41. 室內身體鍛鍊法 | 陳炳崑編著 | 160 元 |
| 42. 吃出健康藥膳 | 劉大器編著 | 180 元 |
| 43. 自我指壓術 | 蘇燕謀編著 | 160 元 |
| 44. 紅蘿蔔汁斷食療法 | 李玉瓊編著 | 150 元 |
| 45. 洗心術健康秘法 | 竺翠萍編譯 | 170 元 |
| 46. 枇杷葉健康療法 | 柯素娥編譯 | 180 元 |
| 47. 抗衰血癒 | 楊啟宏著 | 180 元 |
| 48. 與癌搏鬥記 | 逸見政孝著 | 180 元 |
| 49. 冬蟲夏草長生寶典 | 高橋義博著 | 170 元 |
| 50. 痔瘡・大腸疾病先端療法 | 宮島伸宜著 | 180 元 |
| 51. 膠布治癒頑固慢性病 | 加瀨建造著 | 180 元 |
| 52. 芝麻神奇健康法 | 小林貞作著 | 170 元 |
| 53. 香煙能防止癡呆？ | 高田明和著 | 180 元 |
| 54. 穀菜食治癌療法 | 佐藤成志著 | 180 元 |
| 55. 貼藥健康法 | 松原英多著 | 180 元 |
| 56. 克服癌症調和道呼吸法 | 帶津良一著 | 180 元 |
| 57. B 型肝炎預防與治療 | 野村喜重郎著 | 180 元 |
| 58. 青春永駐養生導引術 | 早島正雄著 | 180 元 |
| 59. 改變呼吸法創造健康 | 原久子著 | 180 元 |
| 60. 荷爾蒙平衡養生秘訣 | 出村博著 | 180 元 |
| 61. 水美肌健康法 | 井戶勝富著 | 170 元 |
| 62. 認識食物掌握健康 | 廖梅珠編著 | 170 元 |
| 63. 痛風劇痛消除法 | 鈴木吉彥著 | 180 元 |
| 64. 酸莖菌驚人療效 | 上田明彥著 | 180 元 |
| 65. 大豆卵磷脂治現代病 | 神津健一著 | 200 元 |
| 66. 時辰療法—危險時刻凌晨 4 時 | 呂建強等著 | 180 元 |
| 67. 自然治癒力提升法 | 帶津良一著 | 180 元 |
| 68. 巧妙的氣保健法 | 藤平墨子著 | 180 元 |
| 69. 治癒 C 型肝炎 | 熊田博光著 | 180 元 |
| 70. 肝臟病預防與治療 | 劉名揚編著 | 180 元 |
| 71. 腰痛平衡療法 | 荒井政信著 | 180 元 |
| 72. 根治多汗症、狐臭 | 稻葉益巳著 | 220 元 |
| 73. 40 歲以後的骨質疏鬆症 | 沈永嘉譯 | 180 元 |

| | | |
|---|---|---|
| 74. 認識中藥 | 松下一成著 | 180 元 |
| 75. 認識氣的科學 | 佐佐木茂美著 | 180 元 |
| 76. 我戰勝了癌症 | 安田伸著 | 180 元 |
| 77. 斑點是身心的危險信號 | 中野進著 | 180 元 |
| 78. 艾波拉病毒大震撼 | 玉川重德著 | 180 元 |
| 79. 重新還我黑髮 | 桑名隆一郎著 | 180 元 |
| 80. 身體節律與健康 | 林博史著 | 180 元 |
| 81. 生薑治萬病 | 石原結實著 | 180 元 |
| 82. 靈芝治百病 | 陳瑞東著 | 180 元 |
| 83. 木炭驚人的威力 | 大槻彰著 | 200 元 |
| 84. 認識活性氧 | 井土貴司著 | 180 元 |
| 85. 深海鮫治百病 | 廖玉山編著 | 180 元 |
| 86. 神奇的蜂王乳 | 井上丹治著 | 180 元 |
| 87. 卡拉 OK 健腦法 | 東潔著 | 180 元 |
| 88. 卡拉 OK 健康法 | 福田伴男著 | 180 元 |
| 89. 醫藥與生活㈡ | 鄭炳全著 | 200 元 |
| 90. 洋蔥治百病 | 宮尾興平著 | 180 元 |
| 91. 年輕 10 歲快步健康法 | 石塚忠雄著 | 180 元 |
| 92. 石榴的驚人神效 | 岡本順子著 | 180 元 |
| 93. 飲料健康法 | 白鳥早奈英著 | 180 元 |
| 94. 健康棒體操 | 劉名揚編譯 | 180 元 |
| 95. 催眠健康法 | 蕭京凌編著 | 180 元 |
| 96. 鬱金（美王）治百病 | 水野修一著 | 180 元 |

## ・實用女性學講座・電腦編號 19

| | | |
|---|---|---|
| 1. 解讀女性內心世界 | 島田一男著 | 150 元 |
| 2. 塑造成熟的女性 | 島田一男著 | 150 元 |
| 3. 女性整體裝扮學 | 黃靜香編著 | 180 元 |
| 4. 女性應對禮儀 | 黃靜香編著 | 180 元 |
| 5. 女性婚前必修 | 小野十傳著 | 200 元 |
| 6. 徹底瞭解女人 | 田口二州著 | 180 元 |
| 7. 拆穿女性謊言 88 招 | 島田一男著 | 200 元 |
| 8. 解讀女人心 | 島田一男著 | 200 元 |
| 9. 俘獲女性絕招 | 志賀貢著 | 200 元 |
| 10. 愛情的壓力解套 | 中村理英子著 | 200 元 |
| 11. 妳是人見人愛的女孩 | 廖松濤編著 | 200 元 |

## ・校園系列・電腦編號 20

| | | |
|---|---|---|
| 1. 讀書集中術 | 多湖輝著 | 150 元 |
| 2. 應考的訣竅 | 多湖輝著 | 150 元 |
| 3. 輕鬆讀書贏得聯考 | 多湖輝著 | 150 元 |

| | | |
|---|---|---|
| 4. 讀書記憶秘訣 | 多湖輝著 | 150 元 |
| 5. 視力恢復！超速讀術 | 江錦雲譯 | 180 元 |
| 6. 讀書 36 計 | 黃柏松編著 | 180 元 |
| 7. 驚人的速讀術 | 鐘文訓編著 | 170 元 |
| 8. 學生課業輔導良方 | 多湖輝著 | 180 元 |
| 9. 超速讀超記憶法 | 廖松濤編著 | 180 元 |
| 10. 速算解題技巧 | 宋釗宜編著 | 200 元 |
| 11. 看圖學英文 | 陳炳崑編著 | 200 元 |
| 12. 讓孩子最喜歡數學 | 沈永嘉譯 | 180 元 |
| 13. 催眠記憶術 | 林碧清譯 | 180 元 |
| 14. 催眠速讀術 | 林碧清譯 | 180 元 |

## ・實用心理學講座・電腦編號 21

| | | |
|---|---|---|
| 1. 拆穿欺騙伎倆 | 多湖輝著 | 140 元 |
| 2. 創造好構想 | 多湖輝著 | 140 元 |
| 3. 面對面心理術 | 多湖輝著 | 160 元 |
| 4. 偽裝心理術 | 多湖輝著 | 140 元 |
| 5. 透視人性弱點 | 多湖輝著 | 140 元 |
| 6. 自我表現術 | 多湖輝著 | 180 元 |
| 7. 不可思議的人性心理 | 多湖輝著 | 180 元 |
| 8. 催眠術入門 | 多湖輝著 | 150 元 |
| 9. 責罵部屬的藝術 | 多湖輝著 | 150 元 |
| 10. 精神力 | 多湖輝著 | 150 元 |
| 11. 厚黑說服術 | 多湖輝著 | 150 元 |
| 12. 集中力 | 多湖輝著 | 150 元 |
| 13. 構想力 | 多湖輝著 | 150 元 |
| 14. 深層心理術 | 多湖輝著 | 160 元 |
| 15. 深層語言術 | 多湖輝著 | 160 元 |
| 16. 深層說服術 | 多湖輝著 | 180 元 |
| 17. 掌握潛在心理 | 多湖輝著 | 160 元 |
| 18. 洞悉心理陷阱 | 多湖輝著 | 180 元 |
| 19. 解讀金錢心理 | 多湖輝著 | 180 元 |
| 20. 拆穿語言圈套 | 多湖輝著 | 180 元 |
| 21. 語言的內心玄機 | 多湖輝著 | 180 元 |
| 22. 積極力 | 多湖輝著 | 180 元 |

## ・超現實心理講座・電腦編號 22

| | | |
|---|---|---|
| 1. 超意識覺醒法 | 詹蔚芬編譯 | 130 元 |
| 2. 護摩秘法與人生 | 劉名揚編譯 | 130 元 |
| 3. 秘法！超級仙術入門 | 陸明譯 | 150 元 |
| 4. 給地球人的訊息 | 柯素娥編著 | 150 元 |

| | | |
|---|---|---|
| 5. 密教的神通力 | 劉名揚編著 | 130 元 |
| 6. 神秘奇妙的世界 | 平川陽一著 | 200 元 |
| 7. 地球文明的超革命 | 吳秋嬌譯 | 200 元 |
| 8. 力量石的秘密 | 吳秋嬌譯 | 180 元 |
| 9. 超能力的靈異世界 | 馬小莉譯 | 200 元 |
| 10. 逃離地球毀滅的命運 | 吳秋嬌譯 | 200 元 |
| 11. 宇宙與地球終結之謎 | 南山宏著 | 200 元 |
| 12. 驚世奇功揭秘 | 傅起鳳著 | 200 元 |
| 13. 啟發身心潛力心象訓練法 | 栗田昌裕著 | 180 元 |
| 14. 仙道術遁甲法 | 高藤聰一郎著 | 220 元 |
| 15. 神通力的秘密 | 中岡俊哉著 | 180 元 |
| 16. 仙人成仙術 | 高藤聰一郎著 | 200 元 |
| 17. 仙道符咒氣功法 | 高藤聰一郎著 | 220 元 |
| 18. 仙道風水術尋龍法 | 高藤聰一郎著 | 200 元 |
| 19. 仙道奇蹟超幻像 | 高藤聰一郎著 | 200 元 |
| 20. 仙道鍊金術房中法 | 高藤聰一郎著 | 200 元 |
| 21. 奇蹟超醫療治癒難病 | 深野一幸著 | 220 元 |
| 22. 揭開月球的神秘力量 | 超科學研究會 | 180 元 |
| 23. 西藏密教奧義 | 高藤聰一郎著 | 250 元 |
| 24. 改變你的夢術入門 | 高藤聰一郎著 | 250 元 |
| 25. 21 世紀拯救地球超技術 | 深野一幸著 | 250 元 |

## ・養 生 保 健・電腦編號 23

| | | |
|---|---|---|
| 1. 醫療養生氣功 | 黃孝寬著 | 250 元 |
| 2. 中國氣功圖譜 | 余功保著 | 230 元 |
| 3. 少林醫療氣功精粹 | 井玉蘭著 | 250 元 |
| 4. 龍形實用氣功 | 吳大才等著 | 220 元 |
| 5. 魚戲增視強身氣功 | 宮　嬰著 | 220 元 |
| 6. 嚴新氣功 | 前新培金著 | 250 元 |
| 7. 道家玄牝氣功 | 張　章著 | 200 元 |
| 8. 仙家秘傳袪病功 | 李遠國著 | 160 元 |
| 9. 少林十大健身功 | 秦慶豐著 | 180 元 |
| 10. 中國自控氣功 | 張明武著 | 250 元 |
| 11. 醫療防癌氣功 | 黃孝寬著 | 250 元 |
| 12. 醫療強身氣功 | 黃孝寬著 | 250 元 |
| 13. 醫療點穴氣功 | 黃孝寬著 | 250 元 |
| 14. 中國八卦如意功 | 趙維漢著 | 180 元 |
| 15. 正宗馬禮堂養氣功 | 馬禮堂著 | 420 元 |
| 16. 秘傳道家筋經內丹功 | 王慶餘著 | 280 元 |
| 17. 三元開慧功 | 辛桂林著 | 250 元 |
| 18. 防癌治癌新氣功 | 郭　林著 | 180 元 |
| 19. 禪定與佛家氣功修煉 | 劉天君著 | 200 元 |
| 20. 顛倒之術 | 梅自強著 | 360 元 |

| | | |
|---|---|---|
| 21. 簡明氣功辭典 | 吳家駿編 | 360 元 |
| 22. 八卦三合功 | 張全亮著 | 230 元 |
| 23. 朱砂掌健身養生功 | 楊永著 | 250 元 |
| 24. 抗老功 | 陳九鶴著 | 230 元 |
| 25. 意氣按穴排濁自療法 | 黃啟運編著 | 250 元 |
| 26. 陳式太極拳養生功 | 陳正雷著 | 200 元 |
| 27. 健身祛病小功法 | 王培生著 | 200 元 |
| 28. 張式太極混元功 | 張春銘著 | 250 元 |

## ・社會人智囊・電腦編號 24

| | | |
|---|---|---|
| 1. 糾紛談判術 | 清水增三著 | 160 元 |
| 2. 創造關鍵術 | 淺野八郎著 | 150 元 |
| 3. 觀人術 | 淺野八郎著 | 180 元 |
| 4. 應急詭辯術 | 廖英迪編著 | 160 元 |
| 5. 天才家學習術 | 木原武一著 | 160 元 |
| 6. 貓型狗式鑑人術 | 淺野八郎著 | 180 元 |
| 7. 逆轉運掌握術 | 淺野八郎著 | 180 元 |
| 8. 人際圓融術 | 澀谷昌三著 | 160 元 |
| 9. 解讀人心術 | 淺野八郎著 | 180 元 |
| 10. 與上司水乳交融術 | 秋元隆司著 | 180 元 |
| 11. 男女心態定律 | 小田晉著 | 180 元 |
| 12. 幽默說話術 | 林振輝編著 | 200 元 |
| 13. 人能信賴幾分 | 淺野八郎著 | 180 元 |
| 14. 我一定能成功 | 李玉瓊譯 | 180 元 |
| 15. 獻給青年的嘉言 | 陳蒼杰譯 | 180 元 |
| 16. 知人、知面、知其心 | 林振輝編著 | 180 元 |
| 17. 塑造堅強的個性 | 坂上肇著 | 180 元 |
| 18. 為自己而活 | 佐藤綾子著 | 180 元 |
| 19. 未來十年與愉快生活有約 | 船井幸雄著 | 180 元 |
| 20. 超級銷售話術 | 杜秀卿譯 | 180 元 |
| 21. 感性培育術 | 黃靜香編著 | 180 元 |
| 22. 公司新鮮人的禮儀規範 | 蔡媛惠譯 | 180 元 |
| 23. 傑出職員鍛鍊術 | 佐佐木正著 | 180 元 |
| 24. 面談獲勝戰略 | 李芳黛譯 | 180 元 |
| 25. 金玉良言撼人心 | 森純大著 | 180 元 |
| 26. 男女幽默趣典 | 劉華亭編著 | 180 元 |
| 27. 機智說話術 | 劉華亭編著 | 180 元 |
| 28. 心理諮商室 | 柯素娥譯 | 180 元 |
| 29. 如何在公司崢嶸頭角 | 佐佐木正著 | 180 元 |
| 30. 機智應對術 | 李玉瓊編著 | 200 元 |
| 31. 克服低潮良方 | 坂野雄二著 | 180 元 |
| 32. 智慧型說話技巧 | 沈永嘉編著 | 180 元 |
| 33. 記憶力、集中力增進術 | 廖松濤編著 | 180 元 |

| | | |
|---|---|---|
| 34. 女職員培育術 | 林慶旺編著 | 180 元 |
| 35. 自我介紹與社交禮儀 | 柯素娥編著 | 180 元 |
| 36. 積極生活創幸福 | 田中真澄著 | 180 元 |
| 37. 妙點子超構想 | 多湖輝著 | 180 元 |
| 38. 說 NO 的技巧 | 廖玉山編著 | 180 元 |
| 39. 一流說服力 | 李玉瓊編著 | 180 元 |
| 40. 般若心經成功哲學 | 陳鴻蘭編著 | 180 元 |
| 41. 訪問推銷術 | 黃靜香編著 | 180 元 |
| 42. 男性成功秘訣 | 陳蒼杰編著 | 180 元 |
| 43. 笑容、人際智商 | 宮川澄子著 | 180 元 |
| 44. 多湖輝的構想工作室 | 多湖輝著 | 200 元 |
| 45. 名人名語啟示錄 | 喬家楓著 | 180 元 |
| 46. 口才必勝術 | 黃柏松編著 | 220 元 |
| 47. 能言善道的說話術 | 章智冠編著 | 180 元 |

## ・精 選 系 列・電腦編號 25

| | | |
|---|---|---|
| 1. 毛澤東與鄧小平 | 渡邊利夫等著 | 280 元 |
| 2. 中國大崩裂 | 江戶介雄著 | 180 元 |
| 3. 台灣・亞洲奇蹟 | 上村幸治著 | 220 元 |
| 4. 7-ELEVEN 高盈收策略 | 國友隆一著 | 180 元 |
| 5. 台灣獨立（新・中國日本戰爭一） | 森詠著 | 200 元 |
| 6. 迷失中國的末路 | 江戶雄介著 | 220 元 |
| 7. 2000 年 5 月全世界毀滅 | 紫藤甲子男著 | 180 元 |
| 8. 失去鄧小平的中國 | 小島朋之著 | 220 元 |
| 9. 世界史爭議性異人傳 | 桐生操著 | 200 元 |
| 10. 淨化心靈享人生 | 松濤弘道著 | 220 元 |
| 11. 人生心情診斷 | 賴藤和寬著 | 220 元 |
| 12. 中美大決戰 | 檜山良昭著 | 220 元 |
| 13. 黃昏帝國美國 | 莊雯琳譯 | 220 元 |
| 14. 兩岸衝突（新・中國日本戰爭二） | 森詠著 | 220 元 |
| 15. 封鎖台灣（新・中國日本戰爭三） | 森詠著 | 220 元 |
| 16. 中國分裂（新・中國日本戰爭四） | 森詠著 | 220 元 |
| 17. 由女變男的我 | 虎井正衛著 | 200 元 |
| 18. 佛學的安心立命 | 松濤弘道著 | 220 元 |
| 19. 世界喪禮大觀 | 松濤弘道著 | 280 元 |

## ・運 動 遊 戲・電腦編號 26

| | | |
|---|---|---|
| 1. 雙人運動 | 李玉瓊譯 | 160 元 |
| 2. 愉快的跳繩運動 | 廖玉山譯 | 180 元 |
| 3. 運動會項目精選 | 王佑京譯 | 150 元 |
| 4. 肋木運動 | 廖玉山譯 | 150 元 |

| | | |
|---|---|---|
| 5. 測力運動 | 王佑宗譯 | 150 元 |
| 6. 游泳入門 | 唐桂萍編著 | 200 元 |

## ・休閒娛樂・電腦編號 27

| | | |
|---|---|---|
| 1. 海水魚飼養法 | 田中智浩著 | 300 元 |
| 2. 金魚飼養法 | 曾雪玫譯 | 250 元 |
| 3. 熱門海水魚 | 毛利匡明著 | 480 元 |
| 4. 愛犬的教養與訓練 | 池田好雄著 | 250 元 |
| 5. 狗教養與疾病 | 杉浦哲著 | 220 元 |
| 6. 小動物養育技巧 | 三上昇著 | 300 元 |
| 7. 水草選擇、培育、消遣 | 安齊裕司著 | 300 元 |
| 20. 園藝植物管理 | 船越亮二著 | 220 元 |
| 40. 撲克牌遊戲與贏牌秘訣 | 林振輝編著 | 180 元 |
| 41. 撲克牌魔術、算命、遊戲 | 林振輝編著 | 180 元 |
| 42. 撲克占卜入門 | 王家成編著 | 180 元 |
| 50. 兩性幽默 | 幽默選集編輯組 | 180 元 |
| 51. 異色幽默 | 幽默選集編輯組 | 180 元 |

## ・銀髮族智慧學・電腦編號 28

| | | |
|---|---|---|
| 1. 銀髮六十樂逍遙 | 多湖輝著 | 170 元 |
| 2. 人生六十反年輕 | 多湖輝著 | 170 元 |
| 3. 六十歲的決斷 | 多湖輝著 | 170 元 |
| 4. 銀髮族健身指南 | 孫瑞台編著 | 250 元 |
| 5. 退休後的夫妻健康生活 | 施聖茹譯 | 200 元 |

## ・飲食保健・電腦編號 29

| | | |
|---|---|---|
| 1. 自己製作健康茶 | 大海淳著 | 220 元 |
| 2. 好吃、具藥效茶料理 | 德永睦子著 | 220 元 |
| 3. 改善慢性病健康藥草茶 | 吳秋嬌譯 | 200 元 |
| 4. 藥酒與健康果菜汁 | 成玉編著 | 250 元 |
| 5. 家庭保健養生湯 | 馬汴梁編著 | 220 元 |
| 6. 降低膽固醇的飲食 | 早川和志著 | 200 元 |
| 7. 女性癌症的飲食 | 女子營養大學 | 280 元 |
| 8. 痛風者的飲食 | 女子營養大學 | 280 元 |
| 9. 貧血者的飲食 | 女子營養大學 | 280 元 |
| 10. 高脂血症者的飲食 | 女子營養大學 | 280 元 |
| 11. 男性癌症的飲食 | 女子營養大學 | 280 元 |
| 12. 過敏者的飲食 | 女子營養大學 | 280 元 |
| 13. 心臟病的飲食 | 女子營養大學 | 280 元 |
| 14. 滋陰壯陽的飲食 | 王增著 | 220 元 |

| | | |
|---|---|---|
| 15. 胃、十二指腸潰瘍的飲食 | 勝健一等著 | 280 元 |
| 16. 肥胖者的飲食 | 雨宮禎子等著 | 280 元 |

## ・家庭醫學保健・電腦編號 30

| | | |
|---|---|---|
| 1. 女性醫學大全 | 雨森良彥著 | 380 元 |
| 2. 初為人父育兒寶典 | 小瀧周曹著 | 220 元 |
| 3. 性活力強健法 | 相建華著 | 220 元 |
| 4. 30 歲以上的懷孕與生產 | 李芳黛編著 | 220 元 |
| 5. 舒適的女性更年期 | 野末悅子著 | 200 元 |
| 6. 夫妻前戲的技巧 | 笠井寬司著 | 200 元 |
| 7. 病理足穴按摩 | 金慧明著 | 220 元 |
| 8. 爸爸的更年期 | 河野孝旺著 | 200 元 |
| 9. 橡皮帶健康法 | 山田晶著 | 180 元 |
| 10. 三十三天健美減肥 | 相建華等著 | 180 元 |
| 11. 男性健美入門 | 孫玉祿編著 | 180 元 |
| 12. 強化肝臟秘訣 | 主婦の友社編 | 200 元 |
| 13. 了解藥物副作用 | 張果馨譯 | 200 元 |
| 14. 女性醫學小百科 | 松山榮吉著 | 200 元 |
| 15. 左轉健康法 | 龜田修等著 | 200 元 |
| 16. 實用天然藥物 | 鄭炳全編著 | 260 元 |
| 17. 神秘無痛平衡療法 | 林宗駛著 | 180 元 |
| 18. 膝蓋健康法 | 張果馨譯 | 180 元 |
| 19. 針灸治百病 | 葛書翰著 | 250 元 |
| 20. 異位性皮膚炎治癒法 | 吳秋嬌譯 | 220 元 |
| 21. 禿髮白髮預防與治療 | 陳炳崑編著 | 180 元 |
| 22. 埃及皇宮菜健康法 | 飯森薰著 | 200 元 |
| 23. 肝臟病安心治療 | 上野幸久著 | 220 元 |
| 24. 耳穴治百病 | 陳抗美等著 | 250 元 |
| 25. 高效果指壓法 | 五十嵐康彥著 | 200 元 |
| 26. 瘦水、胖水 | 鈴木園子著 | 200 元 |
| 27. 手針新療法 | 朱振華著 | 200 元 |
| 28. 香港腳預防與治療 | 劉小惠譯 | 250 元 |
| 29. 智慧飲食吃出健康 | 柯富陽編著 | 200 元 |
| 30. 牙齒保健法 | 廖玉山編著 | 200 元 |
| 31. 恢復元氣養生食 | 張果馨譯 | 200 元 |
| 32. 特效推拿按摩術 | 李玉田著 | 200 元 |
| 33. 一週一次健康法 | 若狹真著 | 200 元 |
| 34. 家常科學膳食 | 大塚滋著 | 220 元 |
| 35. 夫妻們關心的男性不孕 | 原利夫著 | 220 元 |
| 36. 自我瘦身美容 | 馬野詠子著 | 200 元 |
| 37. 魔法姿勢益健康 | 五十嵐康彥著 | 200 元 |
| 38. 眼病錘療法 | 馬栩周著 | 200 元 |
| 39. 預防骨質疏鬆症 | 藤田拓男著 | 200 元 |

40. 骨質增生效驗方　李吉茂編著　250元
41. 蕺菜健康法　小林正夫著　200元
42. 赧於啟齒的男性煩惱　增田豐著　220元
43. 簡易自我健康檢查　稻葉允著　250元
44. 實用花草健康法　友田純子著　200元
45. 神奇的手掌療法　日比野喬著　230元
46. 家庭式三大穴道療法　刑部忠和著　200元
47. 子宮癌、卵巢癌　岡島弘幸著　220元
48. 糖尿病機能性食品　劉雪卿編著　220元
49. 奇蹟活現經脈美容法　林振輝編譯　200元
50. Super SEX　秋好憲一著　220元
51. 了解避孕丸　林玉佩譯　200元
52. 有趣的遺傳學　蕭京凌編著　200元
53. 強身健腦手指運動　羅群等著　250元

## ・超經營新智慧・電腦編號 31

1. 躍動的國家越南　林雅倩譯　250元
2. 甦醒的小龍菲律賓　林雅倩譯　220元
3. 中國的危機與商機　中江要介著　250元
4. 在印度的成功智慧　山內利男著　220元
5. 7-ELEVEN 大革命　村上豐道著　200元
6. 業務員成功秘方　呂育清編著　200元
7. 在亞洲成功的智慧　鈴木讓二著　220元

## ・親子系列・電腦編號 32

1. 如何使孩子出人頭地　多湖輝著　200元
2. 心靈啟蒙教育　多湖輝著　280元

## ・雅致系列・電腦編號 33

1. 健康食譜春冬篇　丸元淑生著　200元
2. 健康食譜夏秋篇　丸元淑生著　200元
3. 純正家庭料理　陳建民等著　200元
4. 家庭四川菜　陳建民著　200元
5. 醫食同源健康美食　郭長聚著　200元
6. 家族健康食譜　東畑朝子著　200元

## ・美術系列・電腦編號 34

1. 可愛插畫集　鉛筆等著　220元
2. 人物插畫集　鉛筆等著　元

## ·心靈雅集·電腦編號 00

| | | |
|---|---|---|
| 1. 禪言佛語看人生 | 松濤弘道著 | 180 元 |
| 2. 禪密教的奧秘 | 葉逯謙譯 | 120 元 |
| 3. 觀音大法力 | 田口日勝著 | 120 元 |
| 4. 觀音法力的大功德 | 田口日勝著 | 120 元 |
| 5. 達摩禪 106 智慧 | 劉華亭編譯 | 220 元 |
| 6. 有趣的佛教研究 | 葉逯謙編譯 | 170 元 |
| 7. 夢的開運法 | 蕭京凌譯 | 130 元 |
| 8. 禪學智慧 | 柯素娥編譯 | 130 元 |
| 9. 女性佛教入門 | 許俐萍譯 | 110 元 |
| 10. 佛像小百科 | 心靈雅集編譯組 | 130 元 |
| 11. 佛教小百科趣談 | 心靈雅集編譯組 | 120 元 |
| 12. 佛教小百科漫談 | 心靈雅集編譯組 | 150 元 |
| 13. 佛教知識小百科 | 心靈雅集編譯組 | 150 元 |
| 14. 佛學名言智慧 | 松濤弘道著 | 220 元 |
| 15. 釋迦名言智慧 | 松濤弘道著 | 220 元 |
| 16. 活人禪 | 平田精耕著 | 120 元 |
| 17. 坐禪入門 | 柯素娥編譯 | 150 元 |
| 18. 現代禪悟 | 柯素娥編譯 | 130 元 |
| 19. 道元禪師語錄 | 心靈雅集編譯組 | 130 元 |
| 20. 佛學經典指南 | 心靈雅集編譯組 | 130 元 |
| 21. 何謂「生」阿含經 | 心靈雅集編譯組 | 150 元 |
| 22. 一切皆空　般若心經 | 心靈雅集編譯組 | 180 元 |
| 23. 超越迷惘　法句經 | 心靈雅集編譯組 | 130 元 |
| 24. 開拓宇宙觀　華嚴經 | 心靈雅集編譯組 | 180 元 |
| 25. 真實之道　法華經 | 心靈雅集編譯組 | 130 元 |
| 26. 自由自在　涅槃經 | 心靈雅集編譯組 | 130 元 |
| 27. 沈默的教示　維摩經 | 心靈雅集編譯組 | 150 元 |
| 28. 開通心眼　佛語佛戒 | 心靈雅集編譯組 | 130 元 |
| 29. 揭秘寶庫　密教經典 | 心靈雅集編譯組 | 180 元 |
| 30. 坐禪與養生 | 廖松濤譯 | 110 元 |
| 31. 釋尊十戒 | 柯素娥編譯 | 120 元 |
| 32. 佛法與神通 | 劉欣如編著 | 120 元 |
| 33. 悟（正法眼藏的世界） | 柯素娥編譯 | 120 元 |
| 34. 只管打坐 | 劉欣如編著 | 120 元 |
| 35. 喬答摩・佛陀傳 | 劉欣如編著 | 120 元 |
| 36. 唐玄奘留學記 | 劉欣如編著 | 120 元 |
| 37. 佛教的人生觀 | 劉欣如編譯 | 110 元 |
| 38. 無門關(上卷) | 心靈雅集編譯組 | 150 元 |
| 39. 無門關(下卷) | 心靈雅集編譯組 | 150 元 |
| 40. 業的思想 | 劉欣如編著 | 130 元 |
| 41. 佛法難學嗎 | 劉欣如著 | 140 元 |

| | | |
|---|---|---|
| 42. 佛法實用嗎 | 劉欣如著 | 140 元 |
| 43. 佛法殊勝嗎 | 劉欣如著 | 140 元 |
| 44. 因果報應法則 | 李常傳編 | 180 元 |
| 45. 佛教醫學的奧秘 | 劉欣如編著 | 150 元 |
| 46. 紅塵絕唱 | 海　若著 | 130 元 |
| 47. 佛教生活風情 | 洪丕謨、姜玉珍著 | 220 元 |
| 48. 行住坐臥有佛法 | 劉欣如著 | 160 元 |
| 49. 起心動念是佛法 | 劉欣如著 | 160 元 |
| 50. 四字禪語 | 曹洞宗青年會 | 200 元 |
| 51. 妙法蓮華經 | 劉欣如編著 | 160 元 |
| 52. 根本佛教與大乘佛教 | 葉作森編 | 180 元 |
| 53. 大乘佛經 | 定方晟著 | 180 元 |
| 54. 須彌山與極樂世界 | 定方晟著 | 180 元 |
| 55. 阿闍世的悟道 | 定方晟著 | 180 元 |
| 56. 金剛經的生活智慧 | 劉欣如著 | 180 元 |
| 57. 佛教與儒教 | 劉欣如編譯 | 180 元 |
| 58. 佛教史入門 | 劉欣如編譯 | 180 元 |
| 59. 印度佛教思想史 | 劉欣如編譯 | 200 元 |
| 60. 佛教與女姓 | 劉欣如編譯 | 180 元 |
| 61. 禪與人生 | 洪丕謨主編 | 260 元 |

## ・經 營 管 理・電腦編號 01

| | | |
|---|---|---|
| ◎ 創新經營管理六十六大計(精) | 蔡弘文編 | 780 元 |
| 1. 如何獲取生意情報 | 蘇燕謀譯 | 110 元 |
| 2. 經濟常識問答 | 蘇燕謀譯 | 130 元 |
| 4. 台灣商戰風雲錄 | 陳中雄著 | 120 元 |
| 5. 推銷大王秘錄 | 原一平著 | 180 元 |
| 6. 新創意・賺大錢 | 王家成譯 | 90 元 |
| 7. 工廠管理新手法 | 琪　輝著 | 120 元 |
| 10. 美國實業 24 小時 | 柯順隆譯 | 80 元 |
| 11. 撼動人心的推銷法 | 原一平著 | 150 元 |
| 12. 高竿經營法 | 蔡弘文編 | 120 元 |
| 13. 如何掌握顧客 | 柯順隆譯 | 150 元 |
| 17. 一流的管理 | 蔡弘文編 | 150 元 |
| 18. 外國人看中韓經濟 | 劉華亭譯 | 150 元 |
| 20. 突破商場人際學 | 林振輝編著 | 90 元 |
| 22. 如何使女人打開錢包 | 林振輝編著 | 100 元 |
| 24. 小公司經營策略 | 王嘉誠著 | 160 元 |
| 25. 成功的會議技巧 | 鐘文訓編譯 | 100 元 |
| 26. 新時代老闆學 | 黃柏松編著 | 100 元 |
| 27. 如何創造商場智囊團 | 林振輝編譯 | 150 元 |
| 28. 十分鐘推銷術 | 林振輝編譯 | 180 元 |
| 29. 五分鐘育才 | 黃柏松編譯 | 100 元 |

| | | |
|---|---|---|
| 33. 自我經濟學 | 廖松濤編譯 | 100 元 |
| 34. 一流的經營 | 陶田生編著 | 120 元 |
| 35. 女性職員管理術 | 王昭國編譯 | 120 元 |
| 36. ＩＢＭ的人事管理 | 鐘文訓編譯 | 150 元 |
| 37. 現代電腦常識 | 王昭國編譯 | 150 元 |
| 38. 電腦管理的危機 | 鐘文訓編譯 | 120 元 |
| 39. 如何發揮廣告效果 | 王昭國編譯 | 150 元 |
| 40. 最新管理技巧 | 王昭國編譯 | 150 元 |
| 41. 一流推銷術 | 廖松濤編譯 | 150 元 |
| 42. 包裝與促銷技巧 | 王昭國編譯 | 130 元 |
| 43. 企業王國指揮塔 | 松下幸之助著 | 120 元 |
| 44. 企業精銳兵團 | 松下幸之助著 | 120 元 |
| 45. 企業人事管理 | 松下幸之助著 | 100 元 |
| 46. 華僑經商致富術 | 廖松濤編譯 | 130 元 |
| 47. 豐田式銷售技巧 | 廖松濤編譯 | 180 元 |
| 48. 如何掌握銷售技巧 | 王昭國編著 | 130 元 |
| 50. 洞燭機先的經營 | 鐘文訓編譯 | 150 元 |
| 52. 新世紀的服務業 | 鐘文訓編譯 | 100 元 |
| 53. 成功的領導者 | 廖松濤編譯 | 120 元 |
| 54. 女推銷員成功術 | 李玉瓊編譯 | 130 元 |
| 55. ＩＢＭ人才培育術 | 鐘文訓編譯 | 100 元 |
| 56. 企業人自我突破法 | 黃琪輝編著 | 150 元 |
| 58. 財富開發術 | 蔡弘文編著 | 130 元 |
| 59. 成功的店舖設計 | 鐘文訓編著 | 150 元 |
| 61. 企管回春法 | 蔡弘文編著 | 130 元 |
| 62. 小企業經營指南 | 鐘文訓編譯 | 100 元 |
| 63. 商場致勝名言 | 鐘文訓編譯 | 150 元 |
| 64. 迎接商業新時代 | 廖松濤編譯 | 100 元 |
| 66. 新手股票投資入門 | 何朝乾編著 | 200 元 |
| 67. 上揚股與下跌股 | 何朝乾編譯 | 180 元 |
| 68. 股票速成學 | 何朝乾編譯 | 200 元 |
| 69. 理財與股票投資策略 | 黃俊豪編著 | 180 元 |
| 70. 黃金投資策略 | 黃俊豪編著 | 180 元 |
| 71. 厚黑管理學 | 廖松濤編譯 | 180 元 |
| 72. 股市致勝格言 | 呂梅莎編譯 | 180 元 |
| 73. 透視西武集團 | 林谷燁編譯 | 150 元 |
| 76. 巡迴行銷術 | 陳蒼杰譯 | 150 元 |
| 77. 推銷的魔術 | 王嘉誠譯 | 120 元 |
| 78. 60 秒指導部屬 | 周蓮芬編譯 | 150 元 |
| 79. 精銳女推銷員特訓 | 李玉瓊編譯 | 130 元 |
| 80. 企劃、提案、報告圖表的技巧 | 鄭汶譯 | 180 元 |
| 81. 海外不動產投資 | 許達守編譯 | 150 元 |
| 82. 八百伴的世界策略 | 李玉瓊譯 | 150 元 |
| 83. 服務業品質管理 | 吳宜芬譯 | 180 元 |

84. 零庫存銷售　黃東謙編譯　150元
85. 三分鐘推銷管理　劉名揚編譯　150元
86. 推銷大王奮鬥史　原一平著　150元
87. 豐田汽車的生產管理　林谷燁編譯　150元

## ·成　功　寶　庫·電腦編號 02

1. 上班族交際術　江森滋著　100元
2. 拍馬屁訣竅　廖玉山編譯　110元
4. 聽話的藝術　歐陽輝編譯　110元
9. 求職轉業成功術　陳義編著　110元
10. 上班族禮儀　廖玉山編著　120元
11. 接近心理學　李玉瓊編著　100元
12. 創造自信的新人生　廖松濤編著　120元
15. 神奇瞬間瞑想法　廖松濤編譯　100元
16. 人生成功之鑰　楊意苓編著　150元
19. 給企業人的諍言　鐘文訓編著　120元
20. 企業家自律訓練法　陳義編譯　100元
21. 上班族妖怪學　廖松濤編著　100元
22. 猶太人縱橫世界的奇蹟　孟佑政編著　110元
25. 你是上班族中強者　嚴思圖編著　100元
30. 成功頓悟 100 則　蕭京凌編譯　130元
32. 知性幽默　李玉瓊編譯　130元
33. 熟記對方絕招　黃靜香編譯　100元
37. 察言觀色的技巧　劉華亭編著　180元
38. 一流領導力　施義彥編譯　120元
40. 30 秒鐘推銷術　廖松濤編譯　150元
42. 尖端時代行銷策略　陳蒼杰編著　100元
43. 顧客管理學　廖松濤編著　100元
44. 如何使對方說 Yes　程羲編著　150元
47. 上班族口才學　楊鴻儒譯　120元
48. 上班族新鮮人須知　程羲編著　120元
49. 如何左右逢源　程羲編著　130元
50. 語言的心理戰　多湖輝著　130元
55. 性惡企業管理學　陳蒼杰譯　130元
56. 自我啟發 200 招　楊鴻儒編著　150元
57. 做個傑出女職員　劉名揚編著　130元
58. 靈活的集團營運術　楊鴻儒編著　120元
60. 個案研究活用法　楊鴻儒編著　130元
61. 企業教育訓練遊戲　楊鴻儒編著　120元
62. 管理者的智慧　程義編譯　130元
63. 做個佼佼管理者　馬筱莉編譯　130元
67. 活用禪學於企業　柯素娥編譯　130元
69. 幽默詭辯術　廖玉山編譯　150元

| | | |
|---|---|---|
| 70. 拿破崙智慧箴言 | 柯素娥編譯 | 130元 |
| 71. 自我培育・超越 | 蕭京凌編譯 | 150元 |
| 74. 時間即一切 | 沈永嘉編譯 | 130元 |
| 75. 自我脫胎換骨 | 柯素娥譯 | 150元 |
| 76. 贏在起跑點 人才培育鐵則 | 楊鴻儒編譯 | 150元 |
| 77. 做一枚活棋 | 李玉瓊編譯 | 130元 |
| 78. 面試成功戰略 | 柯素娥編譯 | 130元 |
| 81. 瞬間攻破心防法 | 廖玉山編譯 | 120元 |
| 82. 改變一生的名言 | 李玉瓊編譯 | 130元 |
| 83. 性格性向創前程 | 楊鴻儒編譯 | 130元 |
| 84. 訪問行銷新竅門 | 廖玉山編譯 | 150元 |
| 85. 無所不達的推銷話術 | 李玉瓊編譯 | 150元 |

## ・處 世 智 慧・電腦編號 03

| | | |
|---|---|---|
| 1. 如何改變你自己 | 陸明編譯 | 120元 |
| 6. 靈感成功術 | 譚繼山編譯 | 80元 |
| 8. 扭轉一生的五分鐘 | 黃柏松編譯 | 100元 |
| 10. 現代人的詭計 | 林振輝譯 | 100元 |
| 14. 女性的智慧 | 譚繼山編譯 | 90元 |
| 16. 人生的體驗 | 陸明編譯 | 80元 |
| 18. 幽默吹牛術 | 金子登著 | 90元 |
| 24. 慧心良言 | 亦奇著 | 80元 |
| 25. 名家慧語 | 蔡逸鴻主編 | 90元 |
| 28. 如何發揮你的潛能 | 陸明編譯 | 90元 |
| 29. 女人身態語言學 | 李常傳譯 | 130元 |
| 30. 摸透女人心 | 張文志譯 | 90元 |
| 32. 給女人的悄悄話 | 妮倩編譯 | 90元 |
| 36. 成功的捷徑 | 鐘文訓譯 | 70元 |
| 37. 幽默逗笑術 | 林振輝著 | 120元 |
| 38. 活用血型讀書法 | 陳炳崑譯 | 80元 |
| 39. 心 燈 | 葉于模著 | 100元 |
| 41. 心・體・命運 | 蘇燕謀譯 | 70元 |
| 43. 宮本武藏五輪書金言錄 | 宮本武藏著 | 100元 |
| 47. 成熟的愛 | 林振輝譯 | 120元 |
| 48. 現代女性駕馭術 | 蔡德華著 | 90元 |
| 49. 禁忌遊戲 | 酒井潔著 | 90元 |
| 53. 如何達成願望 | 謝世輝著 | 90元 |
| 54. 創造奇蹟的「想念法」 | 謝世輝著 | 90元 |
| 55. 創造成功奇蹟 | 謝世輝著 | 90元 |
| 57. 幻想與成功 | 廖松濤譯 | 80元 |
| 58. 反派角色的啟示 | 廖松濤編譯 | 70元 |
| 59. 現代女性須知 | 劉華亭編著 | 75元 |
| 62. 如何突破內向 | 姜倩怡編譯 | 110元 |

國家圖書館出版品預行編目資料

在亞洲成功的智慧/鈴木讓二著；林瑞玉譯
——初版，——臺北市，大展，1999〔民88〕
204面；21公分，——（超經營新智慧；7）
譯自：ァジァで成功する本
ISBN 957-557-919-4（平裝）
1.經濟發展－亞洲　2.企業－亞洲　3.經濟－日本

552.3　88003849



# 在亞洲成功的智慧

ISBN957-557-919-4
原 著 者/鈴木讓二
編 譯 者/林　瑞　玉
發 行 人/蔡　森　明
出 版 者/大展出版社有限公司
社　　址/台北市北投區（石牌）致遠一路2段12巷1號
電　　話/（02）28236031・28236033
傳　　真/（02）28272069
郵政劃撥/0166955-1
登 記 證/局版臺業字第2171號
承 印 者/國順文具印刷行
裝　　訂/嶸興裝訂有限公司
排 版 者/弘益電腦排版有限公司
電　　話/（02）27112792
初版1刷/1999年（民88年）6月

定　價/220元

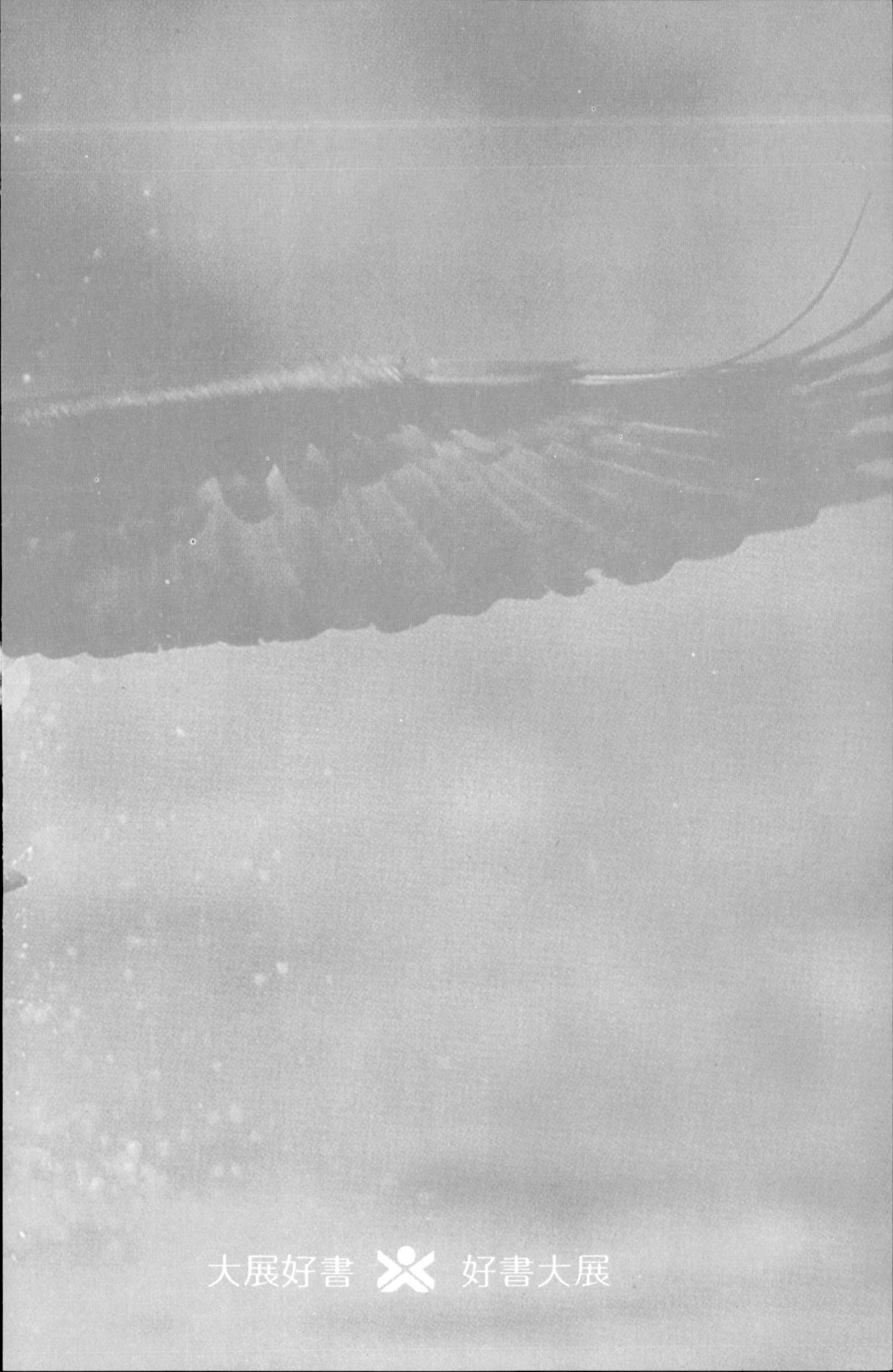
大展好書 好書大展

大展好書 好書大展